Ed. Grace Foundation

DEFENDER
O SAGRADO

Se a Vida Vencer, Não Haverá Perdedores

VERLAG MEIGA

© Verlag Meiga GbR
Primeira Edição 2019
ISBN 978-3-927266-72-8

Traduzido do Inglês por Mário Miguel Fernandes
Editado por Isabel Pedrosa

Layout, tipografia e design de capa: Joerg Appenfelder, d17 Berlim, e imagens por © TameraArts, frente: Ladonna Brave Bull Allard, trás: Sabine Lichtenfels

Outros créditos de imagem a Elias Barrasch, Jasmine Beaghler (p. 51 cima), Debbie Frances, Nigel Dickinson, Leila Dregger, Ivan Sawyer Garcia, Rami Haruvi, Internationalist Commune of Rojava, Yuval Kovo, Helena Luedert, Make Rojava Green Again, Julia Maryanska (p. 51 baixo), Naila von Mendelssohn, Christo Meyerhoefer, Daniel Mueller, Julia Roma Mueller, Jan Oelker, Rico Portilho, Teena Pugliese, John Quigley, Phoebe Regelmann, Liedewij Schievin (p. 53), Herberto Smith, Simon du Vinage, David Wright (p. 50), Ivan March Yuric

Impresso por: Lightning Source Ltd.

Verlag Meiga GbR
Proprietários: Monika Berghoff, Saskia Breithardt
Waldsiedlung 15
D- 14806 Bad Belzig
Alemanha
Tel: +49 (0)33841-30538
info@verlag-meiga.org
www.verlag-meiga.org

Dedicamos este livro a todos aqueles que zelam
pela proteção da vida em todo o mundo.
Que este livro os ajude a se reconhecerem e a
trabalharem em conjunto com maior frequência.

AGRADECOMENTOS DOS EDITORES

Várias pessoas contribuíram para a criação deste livro. A elas, o nosso Obrigado. Um agradecimento especial a Ruth Layton, diretora e fundadora da Fundação Sankalpa, e a toda a sua equipa pelo apoio financeiro. Sem a sua doação, nunca teríamos sido capazes de publicar este livro num tão curto espaço de tempo.

Agradecemos a todos os que contribuíram para a criação desta obra, a todos os revisores, tradutores e editores, nomeadamente Amelie Weimar, Ulrich Raschke, Christine Kuehnel, Anna Bandini, Juliette Baigler, Gail Davidson e Ruth Gordon.

Este agradecimento também se estende aos fotógrafos, cujas fotografias nos encorajaram a lançar este livro, e ao Joerg Appenfelder pelo layout profissional.

Deixamos um especial obrigado aos quatro anfitriões do encontro 'Defender o Sagrado' de Agosto de 2018: a Benjamin von Mendelssohn, diretor da Grace Foundation (Fundação Grace), por nos confiar este projeto; a Martin Winiecki, coordenador do Instituto para o Trabalho de Paz Global (IGP) de Tamera, pelo seu compromisso político, pela preparação intensiva e organização do encontro e pelo apoio prestado na construção conceitual deste livro; a Vera Kleinhammes pela sua presença calorosa e graciosa e pela sua capacidade de unir a comunidade; e a Sabine Lichtenfels pelo seu patrono e pela sua fidelidade inabalável na cooperação com as forças da oração.

Por último, mas não menos importante, agradecemos a todos os contribuidores para o conteúdo desta obra com os seus pensamentos, textos e discursos.

Monika Berghoff e Leila Dregger
Verlag Meiga

PREFÁCIO

A ideia de criar este livro surgiu um tanto inesperadamente durante o Verão de 2018. Senti que não tinha alternativa ao forte chamamento do meu coração a não ser publicá-lo.

A maioria dos seus contribuidores reuniu-se em Tamera, Portugal, para um encontro internacional de activistas em Agosto de 2018 intitulado 'Defender o Sagrado'. Esta obra apresenta esta extraordinária comunidade de pessoas que representa um movimento revolucionário crescente que se opõe a tudo e a todos os que estão a destruir a vida. Elas estão comprometidas a proteger a água e a Mãe Terra, a cooperar com os animais, a construir movimentos poderosos focados na verdade e na solidariedade, a preservar tradições e a reconectar com o conhecimento indígena.

Este livro procura documentar um despertar global; voltar a focar nos valores humanos e ecológicos e tornar visível a conexão única entre compromisso político e conhecimento espiritual.

Os contributos nele expressos são, sobretudo, transcrições de entrevistas ou breves apresentações dos diferentes projetos. Mantivemos o discurso com a fluidez e a vida da palavra falada de forma intencional. Deixámos deliberadamente de parte factos políticos exceto quando estes são encobertos pelos meios de comunicação social, tais como os acontecimentos atuais nos Camarões. Focámos a nossa atenção em pensamentos que nos trazem esperança, força e fé pois são estes que mais necessitamos nos dias de hoje. É nisto que se centra esta obra: uma perspetiva sobre como podemos continuar este trabalho.

Cada contributo aqui presente é como uma peça de um puzzle gigante de um enorme esforço humano. O retrato global está ainda em evolução. Este livro deixa espaços em branco para serem preenchidos por vozes e contributos de pessoas de todo o mundo que trabalham na mesma direção. Não obstante, já se pode sentir o pulsar de uma nova era. Que este bater do coração alcance muita gente!

Boa leitura.

Benjamin von Mendelssohn
Grace Foundation (Fundação Grace)

HAVERÁ MODO DE SUPERAR O CAPITALISMO GLOBAL?

Martin Winiecki, Alemanha/Portugal

A Terra está em apuros. Vivemos uma fase sem precedentes na história da humanidade, uma época de profunda agitação e transformação. Uma era de regimes políticos brutais, exploração e opressão estrutural que caminha em direção ao seu inevitável colapso.

Enfrentamos crises existenciais a vários níveis: aquecimento global e eventos climáticos cada vez mais extremos, ciclos de água interrompidos, extinção de espécies, oceanos poluídos por quantidades inimagináveis de plásticos e outros resíduos (às vezes radioativos), um número crescente de refugiados forçados a deixar as suas pátrias, injustiça social, violência racial a aumentar e fortalecimento dos movimentos fascistas nos países ocidentais. Não importa a área na qual nos focamos, com um coração e uma lente globais podemos ver que estas não são crises separadas, mas sintomas do sistema em colapso. O capitalismo global é uma máquina que explora constantemente as pessoas, os animais e a natureza, reduzindo-os a bens comerciáveis. Para qualquer mente lógica, está claro que a máxima primária do 'crescimento' económico exponencial - que nos dias de hoje é quase inquestionável - contradiz fundamentalmente as condições para a saúde e a sustentabilidade da vida na Terra. Como David Attenborough tão belamente disse, 'Quem acredita em crescimento infinito num planeta fisicamente finito, ou é louco ou é economista'.

> *'O mundo tornou-se demasiado perigoso para tudo que não seja Utopia'*
>
> *Buckminster Fuller*

Uma coisa é certa: as normas ecológicas, económicas, sociais e políticas que até agora pautaram as nossas vidas não podem ser mantidas por muito mais tempo. Talvez este sistema dure mais algumas décadas. É sabido que as elites do poder se referem ao momento do colapso como "o evento" e se estão a preparar para tal recrutando exércitos privados e construindo áreas protegidas, abrigos subterrâneos, entre outros. Num esforço de se protegerem da crescente revolta da população, certamente veremos essa elite lentamente abandonando a democracia e a liberdade, e promovendo regimes totalitários em todo o mundo.

Enquanto humanidade, podemos escolher entre um pesadelo totalitarista ou uma revolução global; entre o colapso da civilização ou um novo começo no qual reconsideramos radicalmente os alicerces das nossas vidas. Buckminster Fuller referiu a escolha entre 'utopia' e 'devastação', afirmando que, 'O mundo tornou-se demasiado perigoso para tudo que não seja Utopia'. Para lá chegarmos, necessitamos de uma aliança global daqueles que não desejam este colapso. Nenhum de nós o pode fazer sozinho. Quando nos juntarmos enquanto comunidade planetária - não apenas para unir os nossos movimentos, mas acima de tudo para tornar a palavra reverenciada "utopia" numa realidade concreta - veremos que o colapso iminente não terá de significar o fim. Pelo contrário, anunciará uma nova época de solidariedade universal.

Os encontros anuais 'Defender o Sagrado' servem de plataforma de interação entre activistas; um núcleo internacional dos agentes de um mundo pós-capitalista. Estamos focados não apenas numa aliança política, mas sobretudo num profundo trabalho de cura.

Até agora falei do capitalismo como um sistema económico externo. E é fácil culpar o sistema. Mas também nos devemos perguntar, por que motivo a humanidade desenvolveu um sistema tão doentio? E por que razão biliões de pessoas o integram e o alimentam diariamente, embora não sirva os seus melhores interesses?

Uma possível resposta reflete-se no termo 'wetiko', utilizado pelas tribos norte-americanas de Algonquin. 'Wetiko', 'canibalismo' no seu sentido literal, foi a palavra usada pelos indígenas para descrever a doença dos invasores brancos. Ela se traduz como alma humana alienada, que por não mais estar ligada a uma força vital interior, se alimenta da energia de outros seres. A doença do wetiko era uma anomalia rara entre os Algonquin, mas comum entre os colonizadores, assim como o é entre nós nos dias de hoje. No entanto, não a conseguimos reconhecer por estarmos todos infetados por ela. Wetiko é o mecanismo psíquico que nos mantém presos na ilusão de que existimos separadamente de tudo o resto. Dentro da esfera do Ego egoísta e isolado, a busca do máximo benefício próprio parece-nos ser o real sentido da vida.

'Um sistema em colapso enfrenta um novo impulso cultural cujo futuro já começou'

Martin Winiecki

Juntamente com a incapacidade crónica de sentir compaixão pelas vidas de outros seres, a violência, a exploração e a opressão não são apenas justificadas, mas parecem lógicas e racionais.

Existem dogmas indiscutíveis na base da cultura ocidental que foram gravados no nosso subconsciente durante séculos. Eles são sintomas da doença e incluem frases como, 'a Terra é um recurso sem vida que pode ser explorado', 'os animais e as plantas não têm alma', 'a vida é competição e luta', 'a guerra faz parte da vida', 'o amor sempre termina em desgraça', 'ou matamos os nossos inimigos ou somos mortos', 'seremos punidos pelos nossos erros' e assim por diante. Enquanto permanecermos encurralados e hipnotizados por esta psicose coletiva, não conseguiremos ver uma saída para o atual impasse, nem individual nem globalmente. Se apenas resistirmos aos efeitos externos da wetiko, talvez consigamos uma vitória ou outra, mas não seremos capazes de superar o sistema como um todo, porque este 'oponente' também reside dentro de nós. É no nosso interior que constantemente alimentamos e apoiamos esse sistema monstruoso.

Devemos escolher, em consciência, curar esta doença pois é a raiz de todos os sistemas opressivos. Quando nos unirmos nesta consciencialização e nos apoiarmos mutuamente no processo de cura, então teremos o poder de originar as mudanças interna e externa necessárias no sistema. E os vários movimentos sociais, políticos e ambientais se poderão juntar e unir esforços para liderar uma mudança global efetiva. A força do todo será maior que a simples soma das partes. Essa é a razão pela qual ficámos tão comovidos com o movimento Standing Rock: porque era um movimento político alicerçado na consciência de que toda a vida é sagrada, que estamos ligados aos demais seres que coabitam a Terra e que, apesar de todas as aberrações ao longo da história, nós pertencemos à Terra e a esta família da vida. Aqueles em Standing Rock insurgiram-se com bravura contra a indústria do petróleo por partilharem desta consciência e deste sentimento de unicidade. E por isso nutro de uma profunda gratidão pelos mensageiros deste movimento.

É como se, através destes movimentos, os quais emergem apesar de toda a violência, a própria Terra evoca um impulso de cura, agindo e expressando-se através de nós. Em vários lugares do globo, as pessoas estão a retomar o contacto com o sagrado da vida e a criar alternativas descentralizadas, centradas na comunidade e autónomas dos sistemas centralizados de poder. São movimentos nos quais a voz feminina é novamente escutada e onde os valores de cooperação são seguidos ao invés dos de dominação. É um ímpeto evolutivo que se estende de Standing Rock a muitos outros movimentos indígenas, sociais e ambientais no mundo inteiro, especialmente no Sul Global - dos zapatistas em Chiapas a Rojava no norte da Síria. Reunimo-nos para testemunhar e apoiar este impulso de cura global, e conscientemente dar-lhe voz.

Enquanto nos opusermos ao sistema por meio de movimentos locais, regionais ou nacionais, seremos sempre inferiores a ele. Logo escolhemos seguir um objetivo e uma estratégia comuns para criar uma nova cultura planetária.

Ligada a uma visão global que nos fortalece e nos une, uma nova forma de vida pode emergir com o potencial de se impor sobre o velho sistema. O sistema em colapso enfrenta agora um novo impulso cultural ligado a um poder muito superior ao poder do capitalismo: o poder da vida.

Martin Winiecki, nascido em 1990 em Dresden, Alemanha, é um activista, escritor e networker. Lidera o Instituto para o Trabalho de Paz Global (IGP) de Tamera e é facilitador da Aliança Defender o Sagrado.

Desde uma Outra Força

Sabine Lichtenfels, Alemanha/Portugal - Excerto do discurso de abertura do encontro

Estamos a viver o nascimento de um movimento que une o activismo político e o poder espiritual. Face a isto, sinto-me esperançada e é a razão pela qual adoro o lema 'Defender o Sagrado'. A união entre o 'activismo' e o sagrado é capaz de gerar o poder que necessitamos para proteger a vida em todo o mundo. Não nos resta outra opção.

Todas as sementes sabem como germinar. Quando reconectamos com as nossas origens, com as raízes que nos ligam ao pulsar da Terra, somos guiados na aventura da vida. Confiar é um ato de coragem quando muita da nossa vida pessoal e social é dominada pelo medo. Eu rezo para que, todos juntos, cheguemos à certeza de que o poder da vida é mais forte do que toda a violência.

Podemos estar seguros de que sobreviveremos? Que conhecimento precisamos para acreditar nesta premissa? A destruição é de tal forma grande e vasta que desistir parece ser a saída mais fácil. No entanto, prontamente nos apercebemos que tal não faz qualquer sentido. Juntos descobriremos como nos ligarmos a esta fonte da vida para que ela nos possa proteger, especialmente àqueles que regressarão a zonas de conflito, como os nossos amigos da Colômbia, do Médio Oriente ou

de África. Tudo começa por aceitarmos a situação em que nos encontramos. Cada um de nós tem de sentir e escutar o pedido de ajuda da Mãe Terra, e responder 'Eu estou aqui Mãe'.

Como encontraremos a força para nos curarmos a nós mesmos e à Terra? Esta é uma tarefa que nós humanos partilhamos com a Terra. Durante as nossas cerimónias, convidamos todos os seres a participar - visíveis e não visíveis -, animais e plantas incluídos. Todos os seres podem ajudar no processo de cura com o qual nos deparamos.

A energia da vida e da criação está sempre focada na cura. No entanto, há um ajuste que devemos fazer para criar um canal de comunicação com esta força imensa. Todos nós conhecemos estas barreiras interiores, as marcas dos traumas que trazemos connosco. Enquanto humanos, vimos de uma história de desenraizamento e nomadismo. Carregamos tal história gravada na memória das nossas células, mesmo que tal experiência tenha sido há muito tempo atrás para muitos de nós.

Nós somos sem-abrigo. Como podemos reconectar com este sentimento profundo de nos sentirmos em casa? Desejamos intensamente recordar o conhecimento indígena primitivo que temos dentro de nós. Sinto-me orgulhosa pelo facto da nossa aliança ser fortemente apoiada pelo conhecimento indígena. Para mim, ser 'Indígena' significa aceder à fonte das nossas memórias mais profundas. Aqui encontra-se a semente da vida que pretende germinar. Toda a sabedoria vem da memória. Quando estamos ligados a esta fonte, sentimo-nos guiados. Não o podemos fazer sozinhos. Mas partilhando uma visão de cura sobre a Terra e com o poder da sabedoria coletiva, tanto antiga como moderna, seremos bem-sucedidos e capazes de gerar o poder necessário para mudar o mundo.

Sabine Lichtenfels é cofundadora de Tamera, teóloga, escritora e diretora da Global Love School e do 'Terra Deva' - Departamento para a Ecologia Espiritual de Tamera.

Anotações de um Encontro Invulgar

Leila Dregger, Alemanha/Portugal

Entre 1 – 10 de Agosto de 2018, mais de 80 pessoas de cerca de 30 países reuniram-se em Tamera - Centro de Investigação e Educação para a Paz sob o lema 'Defender o Sagrado'. Leila Dregger, jornalista e membro da editora Meiga, acompanhou e documentou este encontro.

Activistas de movimentos de libertação, populações indígenas de diferentes culturas, trabalhadores da paz em favelas, campos de refugiados e zonas de conflito, pensadores, activistas de direitos civis, fundadores de comunidades - o que têm em comum?

Todos fizeram uma escolha. Cada um deles deixou, a certa altura das suas vidas, o caminho pré-estabelecido e a opinião prevalecente na sociedade para trabalhar no que, a seu ver, é sagrado: a água, a vida e a paz. E agora muitos deles admitem, 'Não o podemos fazer sozinhos'. Eles juntaram-se para formar uma aliança global, uma comunidade planetária para a proteção da vida na Terra.

Isto é particularmente verdade para Ladonna Brave Bull Allard, iniciadora dos protestos de Standing Rock em 2016, os quais terminaram com 30,000 pessoas vivendo nos campos de protesto. Com orações, cerimónias e resistência não-violenta, tentaram parar a construção de um oleoduto sobre os seus locais sagrados e por debaixo do rio Missouri Eles chegaram aos corações de pessoas de todo o mundo com o slogan 'Defender o Sagrado'.

Tal também é verdade para Ati Quigua, porta-voz da tribo indígena de Arhuaco. Situada no planalto da Sierra Nevada de Santa Marta no norte da Colômbia, esta tribo preserva uma tradição cultural rica baseada no conhecimento profundo sobre o equilíbrio entre as fontes masculina e feminina.

O mesmo para os representantes da Favela da Paz, do Brasil, os quais celebram a verdadeira riqueza das favelas: cooperação e comunidade.

E para Rajendra Singh, o médico e activista da água do Rajastão que iniciou um movimento popular para a gestão descentralizada de água, invertendo o processo de desertificação de toda uma região e trazendo cinco rios e mais de 1000 aldeias de volta à vida.

Caso semelhante é o de Saad Dagher, vindo da Palestina, que implementou práticas ecológicas e tecnológicas alternativas e pioneiras na Cisjordânia. Uma dessas práticas é a integração de javalis no seu trabalho de paz, a qual é um enorme tabu para as religiões

Islâmica e Judaica. Outro exemplo é o de Michael Lerner, um rabino norte-americano que tem lutado por ideais socialistas, de justiça e por uma mudança de sistema, assim como pelos valores originais do Judaísmo.

Ou o de Yaeli Ronen, encenadora israelita que vive em Berlim, que tem realizado grandes produções teatrais com refugiados de vários países e com membros da comunidade Roma.

A lista poderia continuar indefinidamente. Cada participante deste encontro poderia preencher o seu portfólio pessoal com experiências, conhecimentos e compromissos derivados dos seus projetos em zonas frequentemente afetadas pela violência e com baixa atenção mediática. Alguns vieram pedir urgentemente ajuda e proteção.

Este foi o caso de Brigida Gonzales e de outros dois representantes da comunidade de paz de San José de Apartadó na Colômbia. Desde 1997, a população camponesa tem sido uma fonte de esperança e perdão no meio de um conflito irresolúvel. Mais de 300 membros da comunidade de paz foram assassinados nos últimos 20 anos, e a ameaça não cessou. Eles pedem presença internacional, a proteção mais eficiente que podem ter.

Joshua Konkankoh Ngwa dos Camarões, que procura oferecer um futuro diferente aos jovens do seu país, também veio à procura de ajuda. A sua ecovila e a região envolvente estão debaixo de ameaça de grupos militares e de rebeldes. A situação necessita urgentemente de uma solução sustentável.

Foi bem claro que as questões postas pelos participantes eram de grande urgência: Como pode um grupo de pessoas desenvolver um poder superior ao de um sistema global que suprime a vida? Como construímos uma base profunda de confiança entre pessoas e grupos tão diversificados que perdurará quando estes se separarem e se espalharem novamente pelo mundo? Como nos apoiamos mutuamente quando nós ou o nosso trabalho estão sob ameaça? Apesar de todas as diferenças, conseguiremos partilhar de uma visão comum para um mundo pós-capitalista e encontrar estratégias para a sua concretização? Como podemos estar permanentemente ligados ao espaço sagrado, indo para além das nossas tradições?

Uma coisa é certa: apesar dos esforços hercúleos das forças da paz, a violência tem-se propagado por muitos locais. Como Sami Awad, professor de não-violência e diretor executivo da Holy Land Trust em Belém, Palestina descreveu, 'Nos últimos anos, a situação tem-se agravado. Diariamente, lidamos com o desespero e com a violência, sem esperança de melhoras. A longo prazo, torna-se demasiado'.

'Não o podemos fazer sozinhos'. Esta frase, comumente citada, infere mais do que uma aliança entre humanos, já que enquanto humanidade não o podemos fazer sozinhos. Chamemos-lhe Deus, conexão universal ou poder da unicidade, precisamos de aprender a cooperar com este algo que não pode ser definido. O reconhecimento deste facto foi um elemento crucial deste encontro, assim como a ação direta e a partilha de estratégias, orações e cerimónias constituintes das diferentes tradições presentes, meditação, escuta profunda, silêncio e música.

Sabine Lichtenfels, cofundadora de Tamera, explicou, 'Apenas poderemos terminar com o sistema de violência se conhecermos outro sistema: o sistema da vida. Esta mudança de sistema ocorre nos nossos corações, mudando de vingança para perdão e reconciliação, de separação para ligação, de medo para confiança.'

Estratégia e Oração Não São Contraditórias

Com o desenrolar do encontro, tornou-se mais e mais evidente que estratégia e oração não são contraditórias; são, na verdade, interdependentes'. Água, substância particularmente sagrada para as populações indígenas, foi um tema central. Muitas delas cresceram com uma consciência de gratidão e conexão com a água. Elas aprenderam com a água, rezam pela sua proteção e organizam cerimónias em honra da chuva. Numa atmosfera de respeito e mindfulness, os especialistas ressaltaram a importância da água como uma possível solução face às alterações climáticas. Rajendra Singh afirmou, 'Todos sabemos que a água é vida'. Não nos devemos esquecer que 'água' é 'clima' e 'clima' é 'água'. Vlado Zaujec, vindo da Eslováquia, apresentou um plano ambicioso a este respeito: a iniciativa 'Rain for Climate' pretende efetivizar esta solução nos próximos cinco a sete anos, o qual é todo o tempo que temos de acordo com as suas descobertas científicas, até que a dessecação dos solos seja irreversível. O plano consiste em apoiar latifundiários de todo o mundo com tecnologia moderna de modo a criar sistemas descentralizados de gestão de água.

Ação "Parar o Furo" em Portugal

O tema das perfurações de poços de petróleo ao largo da costa portuguesa acompanhou-nos ao longo da conferência. Podíamos, enquanto activistas internacionais, ajudar a prevenir tais atos? No dia 4 de Agosto - o dia mais quente alguma vez registado em Portugal -, o grupo deslocou-se de autocarro até à Cova do Vapor, perto de Lisboa, junto à foz do rio Tejo com o Oceano Atlântico. Na praia, os membros do Campo de Testes Solares de Tamera organizou uma demonstração com 12 cozinhas solares e distribuiu aos visitantes pão e bolo preparados na hora. Juntamente com várias centenas de participantes vindos de todas as regiões de Portugal, fomos orientados pelo activista de arte aérea John Quigley e apoiados pela força de orações tradicionais vindas de oito direções. Os activistas do 'Defender o Sagrado' formaram uma imagem gigante na areia com os seus corpos: dois golfinhos - cria e progenitora - rodeados de um sol radiante e pelas mensagens 'Parar o Furo' e 'Water is Life' (Água é Vida). O evento teve direito a filmagem aérea e foi transmitido nessa mesma noite pela SIC, uma das principais estações televisivas de Portugal.

Em simultâneo, parceiros e amigos em mais de 20 locais em todo o mundo organizaram círculos de meditação e orações à volta da fogueira como forma de apoio a esta ação, partilhando entre todos uma visão de mudança global - da exploração da Terra para uma cooperação com tudo o que tem vida (texto de oração disponível na p. 22).

Que dia impressionante! Mas terá uma ação como esta o poder de influenciar decisões políticas? Na semana seguinte, depois de uma reunião com activistas, o Presidente da República Portuguesa Marcelo Rebelo de Sousa afirmou precisar de reconsiderar a sua posição quanto às perfurações de poços de petróleo.

A 13 de Agosto, o Tribunal de Loulé (Algarve) deferiu a providência cautelar interposta pelo grupo activista PALP. As licenças atribuídas à ENI e à GALP para prospeção de petróleo ao largo da costa de Aljezur, que teriam início no dia 15 de Setembro, foram suspensas pelo mesmo tribunal. E a 29 de Outubro, de uma forma surpreendente, ambas as companhias voluntariamente desistiram dos seus projetos de exploração petrolífera na região, afirmando que não pretendiam renovar contrato com o Governo português após a expiração do existente (Janeiro de 2019). Se terminam aqui os esforços das companhias petrolíferas para a extração de petróleo ao largo da costa de Portugal, ainda não sabemos. No entanto, uma coisa é certa: pessoas que se juntam para proteger a vida podem fazer a diferença!

O próximo encontro está previsto para o Verão de 2019. Até lá, os participantes que trabalham para defender o sagrado continuarão a colaborar a vários níveis. Existem projetos conjuntos tais como visitas de intercâmbio, transmissão de conhecimentos e oportunidades de formação, apoio rápido àqueles que enfrentam ameaças graves e trabalho de comunicação social para disseminar histórias de experiências e ideias que se revelem centrais a uma nova cultura planetária. Mas, acima de tudo, a fundação para uma plataforma humana e espiritual de confiança foi estabelecida - uma base estável para uma aliança e uma estratégia global comum para a proteção da Terra.

Fogo Sagrado – Uma Experiência de Oração

Benjamin von Mendelssohn, Alemanha/Portugal

Durante a tarde de 3 de Agosto, um enorme fogo deflagrou nas florestas da serra de Monchique, no Algarve. Mais de 1000 bombeiros trabalharam dia e noite para o controlar. Mas, devido aos fortes ventos, propagou-se rapidamente abrindo novas frentes ativas.

Durante a noite de 9 de Agosto, e talvez por ser guardião do fogo em Tamera, tive um sonho intenso acerca da essência do fogo. Na manhã seguinte, e juntamente com os xamãs das várias tradições representadas, decidimos coletivamente acender uma pequena fogueira sagrada em Tamera.

Foi uma experiência profunda; uma verdadeira oração partilhada pelo acalmar dos fogos em Monchique. Já estive presente em muitas conferências multiculturais, mas nunca na minha vida havia experienciado algo do género. Esta era uma comunidade global, com representantes de diferentes tradições, entregando-se por completo a um processo comum, a algo novo.

No mundo moderno, nós humanos acreditamos que o fogo é um fenómeno sem alma e fisicamente explicável. Isto acontece pelo facto de, entre outras razões, acendermos fogos de uma forma mecânica e com indiferença, como quando utilizamos o isqueiro. Alguém que tente iniciar o fogo à moda antiga, com madeira ou pedras, certamente notará que uma luz de consciência se ilumina dentro de nós enquanto o fogo toma chama no exterior. Ainda temos pouco conhecimento sobre estas relações místicas, mas podemos dizer convictamente que o fogo tem a qualidade da consciência.

Ao final da tarde, foi noticiado que os fogos de Monchique estavam sob controlo e, muito provavelmente, seriam totalmente extintos dentro de horas. A televisão portuguesa avançou que os ventos haviam cessado miraculosamente. Terá sido uma mera coincidência? Eu pergunto-me: quem ou o que dirige as nossas orações, quem ou o que influencia os ventos?

Despertar para a Simpatia

Nora Czajkowski, Alemanha/Portugal

Cerca de 40 jovens encontram-se em Tamera cada Verão. Eles experienciam a vida em comunidade, fazem amigos e aprendem a manter a compaixão com tudo o que se está a passar no mundo. O nosso objetivo é que desenvolvam uma noção básica de comunidade e confiança, a partir de uma base sustentada sobre a qual devem olhar o mundo. A nova geração precisa de um futuro no qual acreditar. Necessitam de visões e ideais para uma vida pacífica na Terra. Este ano selecionámos quatro temas para serem estudados com profundidade: água, energia, comida e comunidade.

Eu fico sempre extasiada ao ver o entusiasmo dos jovens quando estes começam a ver e a conceber alternativas de como lidar com as temáticas ecológicas, políticas e globais. E é então que as questões surgem: De onde vimos? O que é a vida? Haverá algo depois da morte, e se sim, o quê?

Durante o nosso tempo juntos, mergulhámos nos temas de comunidade, amor e sexualidade. Criámos um ambiente protegido onde os jovens puderam partilhar as suas questões e experiências. Perante a oportunidade de expressarem o seu desejo insurgente e a sua curiosidade relativamente ao amor e a

Eros num espaço seguro, vimos como os seus corações se expandiram e se tornaram mais fortes.

Através de peças teatrais que os próprios criaram, as ideias processadas durante estes dias foram expostas de um modo bastante criativo. Esta representação teatral em jeito de resumo do que foi discutido e digerido, foi igualmente apresentada durante o encontro e a toda a comunidade no final da semana.

Um dos destaques deste ano foi certamente a ação conjunta com os activistas do movimento 'Defender o Sagrado'. No dia 4 de Agosto, deslocámo-nos de autocarro até uma praia perto de Lisboa para criar uma imagem contra as ações de perfuração de poços de petróleo com os nossos corpos, sob a direção de John Quigley. Neste tipo de encontros, tenho uma sensação profunda de estar em casa; de pertencer a uma comunidade global e a diversas gerações que trabalham conjuntamente para proteger o planeta e a vida. É o sentimento de estarmos a fazer o que está certo, e esse ser parte do meu papel à face da Terra. Como membro de uma equipa de liderança de jovens adultos, estamos bastante focados em ajudá-los a encontrar o seu lugar e o seu papel dentro do nosso mundo atual, fortemen-

'Não conseguimos entender aquilo a que a civilização Ocidental chama de "progresso" se isso destrói o ambiente, a água e a Terra. Não podemos referir-nos a progresso se, com isso, a fundação das nossas vidas é destruída.'

Ati Gumnabia

te desequilibrado e complexo. No encontro jovem, ficámos particularmente comovidos por duas jovens raparigas participantes: Ati Gumnabia, de 15 anos, membro da tribo de Arhuaco na Sierra Nevada de Santa Marta, Colômbia, e Tokata Iron Eyes, de 14 anos, uma jovem activista da Standing Rock Sioux Nation. Apesar da sua tenra idade, ambas são activistas políticas e mensageiras do conhecimento tradicional das suas tribos. Elas mostraram-nos as dimensões global e existencial dos problemas com que nos deparamos. Elas são uma fonte de inspiração para nós, uma comunidade crescente de jovens líderes que trabalham para um novo mundo.

Uma vez, quando questionei a Ati se queria dizer algo ao grupo para encerrar a sessão, ela sorriu e de coração aberto anuiu, 'Sim, com certeza: Quero convidar-vos a todos a visitarem-nos e a verem como, do outro lado do planeta, vivemos uns com os outros e com a Terra.'

Ainda há uns anos atrás, Nora era uma participante do encontro jovem de Tamera; hoje faz parte de uma equipa de jovens adultos que lidera os adolescentes, com recurso às habilidades desenvolvidas enquanto estudou teatro e dança.

UM MUNDO SEM COMBUSTÍVEIS FÓSSEIS

MEDITAÇÃO GLOBAL PELA PROTEÇÃO DA VIDA

Sabine Lichtenfels, 4 de Agosto, 2018

Em ligação com o grande espírito da Terra.

Ligamo-nos ao nosso batimento cardíaco e ao mistério e à sacralidade da vida.

Ligamo-nos ao batimento cardíaco da Terra, à sua teia de luz, à sua beleza e à sua força. O seu coração e os nossos corações são, na verdade, um só coração. Aceitamos a força de um coração aberto e a responsabilidade que recai sobre nós a partir desta fonte.

Honramos o fogo sagrado que habita nos nossos corações. Ligamo-nos à força que protege a vida e que dá vida a todos os seres. Permitimos a entrada desta força - a força do amor universal. Honramos a polaridade de toda a existência - água e fogo, noite e dia, feminino e masculino - em equilíbrio dinâmico. Saudamos a luz do sol, que nos oferece a energia para alimentarmos tecnologias mais humanas.

Saudamos as águas da Terra, as nascentes, os lagos, rios e oceanos, e as águas que vivem em nós. A água é vida. A água é sagrada. Saudamos a luz da lua que conduz as águas terrestres.

Ligamo-nos ao petróleo da Terra. Quando imaginamos uma lâmpada a óleo, observamos o milagre da transformação do óleo em chama. É preciso honrar esta chama, para devolver equilíbrio às forças da Terra. Também o petróleo é sagrado, tal como todos os recursos da Terra. Ligamo-nos a ele, protegendo-o e mantendo-o no solo. Existe um dragão poderoso que respira e descansa debaixo do solo, cuidando das linhas de força subterrâneas e do equilíbrio entre os diversos elementos. Ao perturbarmos o sono do dragão, despertamos também a sua força destrutiva. O que agora relembramos, era já do conhecimento dos nossos antepassados. Erguemo-nos em oposição à exploração de petróleo, que ameaça o habitat de milhões de seres vivos.

Ligamo-nos ao sonho das culturas indígenas, que sempre existiram cuidando e cooperando com a Terra e com todos os seus seres. Reconhecemos a lei universal que honra de igual forma os direitos humanos, os direitos da Terra, os direitos dos animais e das plantas. Honramos esta lei com uma visão para o futuro - uma aliança global pela proteção de todos os seres da Terra. Defendemos o sagrado.

Como aliança global, permanecemos unidos globalmente. Não nos reduzimos à hostilidade, mas sabemos ao que dizemos 'não'. Ligamo-nos ao conhecimento interior da cura global, à visão de um mundo onde todos os seres vivem em confiança e ligação verdadeira. Dizemos adeus ao patriarcado e acolhemos o nascimento de uma nova era de parceria, onde homem e mulher aprendem a reconhecer-se e a amar-se um ao outro. Erguemo-nos num 'não' claro contra qualquer tipo de violência sexual.

Cuidamos hoje do fogo sagrado em diversos locais da Terra. Ligamo-nos à força da vida, iniciando uma mudança de paradigma onde estruturas sociais de confiança e cooperação emergem por si só. Ao atingirmos a memória primordial que reside nos nossos corações, a nossa sabedoria tribal inerente, veremos surgir sociedades mais humanas no futuro. Abandonemos qualquer tipo de dominação e entremos em cooperação com tudo o que vive.

Ya Azim!

STANDING ROCK: O PODER DA OPOSIÇÃO INDÍGENA

Ladonna Brave Bull Allard, Turtle Island - EUA

Ladonna Brave Bull Allard, também conhecida como Good Earth Woman, foi uma das iniciadoras e anfitriãs dos campos de protesto de Standing Rock em 2016 no Dakota do Norte (EUA), quando vários milhares de pessoas de todo o mundo - representantes de mais de 300 culturas indígenas, activistas ambientais, oradores de espiritualidade e veteranos das forças armadas norte-americanas - apoiaram, durante vários meses, os esforços da Oceti Sakowin Nation para proteger os seus locais sagrados e o rio Missouri da construção dos oleodutos subterrâneos em Dakota. Eles autoproclamaram-se protetores da água e defensores do sagrado, e não protestantes. Apesar da construção dos oleodutos ter prosseguido durante a administração de Donald Trump, o mundo ficou de olhos postos nas suas concentrações, nas suas orações e na sua oposição não-violenta, plantando assim sementes de esperança para a tão desejada mudança de paradigma.

Não tenho bem a certeza do que é ser activista. Nunca me considerei activista, na verdade. Vejo-me como uma mulher que ama a sua casa, que ama o seu rio e que fará tudo para o proteger. Eu venho de uma terra de água.

Nasci rodeada por quatro rios e cresci junto ao rio Missouri. Se ao menos o pudessem ver! É tão bonito. De manhã vejo búfalos, águias, falcões, tartarugas e galinhas selvagens. Desejo que os meus bisnetos possam vivenciar isto. Somos um dos escassos lugares na Terra onde ainda germinam as flores e as plantas medicinais nativas. O seu ecossistema nunca foi perturbado. E por isso é que o devemos preservar e proteger. Como o fazemos? Protegendo a água. A água é da nossa responsabilidade. A oração, a cerimónia, a água – estes são os elementos que nos ligam. Desde crianças fomos educados a respeitar a água. Fomos ensinados a nunca verter a água no solo sem a reconhecermos através da oração. Antes de atravessarmos o rio, paramos para rezar e pedimos a sua permissão para o atravessar.

Quando tomamos uma bebida, vertemos um pouco de água no chão para pedir a bênção do nosso espírito. Os adultos realizam anualmente um ritual de quatro dias sem alimento ou água. Desta forma, aprendi desde cedo a respeitar a água. Penso que todos deveriam fazer o mesmo.

Quando nos foi primeiramente comunicado que pretendiam construir um oleoduto, toda a comunidade rejeitou tal ideia. Sabíamos que, no caso de uma rotura no oleoduto e o petróleo chegando à água, mataria todos os seres. E essa mesma água seguiria para outras comunidades indígenas. É a única água que temos e estamos conscientes de que ninguém virá para nos ajudar. Esta é a grande crise das nossas vidas, neste momento. Não de um povo, não dos povos indígenas, mas dos seres humanos em geral. Temos de fazer uma escolha. Mostrar a nossa posição. Enquanto mulheres, temos de nos unir nesta causa por sermos também uma fonte de vida. E, portanto, dizemos que não, por não ser do interesse das gerações futuras. Enquanto preparávamos o acampamento, foram os jovens, alguns deles com 10 anos, que iniciaram o movimento. Eles defendiam o acesso às mais básicas necessidades: o direito a ter água limpa e bom alimento, a mergulhar no rio, a ter acesso à natureza, a serem alegres. Eles próprios defendem que a água é vida. *Mni wiconi.*

O que acontece se não houver água? Tudo morre. A água alimenta as nossas famílias, faz as plantas crescer. Cada comunidade precisa de acesso a água, pelo que nos opusemos em seu nome e pelos nossos jovens - ouvimos e seguimos a sua orientação. Os jovens falaram a verdade, eles sabem que temos de mudar. Por isso nos opusemos, com orações e cerimónias. Foram os jovens que divulgaram a mensagem pelo mundo inteiro, através das redes sociais. Iniciámos cada dia com orações e rituais. Não tínhamos um plano ou uma estratégia, pelo que tudo o que aconteceu, teria de acontecer. Na verdade, foi mais além do que alguma vez podíamos ter imaginado.

O que aconteceu em Standing Rock foi algo que nunca tinha vivido antes. Um sem-número de pessoas vindas de várias culturas diferentes deram as mãos por uma mesma causa. Diante dos meus olhos, praticantes de todas as religiões, adeptos de todos os ramos da espiritualidade e membros de todas as culturas do mundo juntos numa mesma oração. Povos indígenas de todo o mundo unindo-se para lutarem por uma mesma causa, a água. Todos os nossos aliados estavam ali connosco. E nada nem ninguém me apagará esta memória. Eu olho para Standing Rock como uma semente – uma semente de conhecimento sobre como podemos viver à face da Terra. Refiro-me a vivermos com respeito e sabendo ouvir a Mãe Terra. E espalhar esta semente por toda a parte. O que aconteceu em Standing Rock revelou a bondade das pessoas. Vimos e sentimos o seu amor, apoio, bravura e coragem. E sabia que estávamos a fazer o correto.

> '*Se podemos semear a esperança, podemos mudar tudo.*'
>
> *Ladonna Brave Bull*

A maneira contundente como as empresas reagiram foi o que esperávamos. Não acreditaram quando viram que não arredaríamos pé. E ainda não o fizemos. Eles não sabem o que fazer contra uma ação não-violenta e de tal forma poderosa como a nossa. Continuamos a nossa luta com orações e cerimónias. São estas que nos fazem fortes. Não temos medo e essa é a grande questão deles.

Desde que compareci no encontro 'Defender o Sagrado' do ano passado, em Tamera, que digo às pessoas que não é possível dizer-se 'não' a algo sem se ter algo ao qual dizer 'sim'. Desde que voltei desse encontro, conseguimos bastantes feitos enquanto tribo. A nossa comunidade tem trabalhado em sistemas sustentáveis de energia solar para podermos viver sem recurso a combustíveis fósseis. Cultivámos hortas biológicas, plantámos árvores e construímos cabanas de palha. Estamos a educar a comunidade sobre a nossa história, a nossa língua, a nossa cultura e as nossas tradições. Aqueles que controlam os meios de comunicação social, controlam o mundo. Temos de ser capazes de contar a nossa história, de sermos responsáveis pelos nossos próprios meios de comunicação para mudarmos o mundo.

Se podemos semear a esperança, podemos mudar tudo.

Podemos tocar as pessoas que trabalham nas grandes empresas e, com isso, influenciar as decisões governamentais.

Também temos as nossas ações no seio do sistema capitalista. Fomos ao Banco Mundial para os convencer a investirem em energias renováveis em vez de em combustíveis fósseis. Fomos às seguradoras e apelámos para que 'não permitam seguros a empresas que vão destruir o mundo'. E fomos a instituições de classificação de risco de crédito pedir que 'não deem uma boa nota a quem comete atos de violação de direitos humanos'. Resumindo, estamos a operar em diversas frentes.

Estamos igualmente a precisar de uma nova definição de família. Costumo dizer que quem se junta e atua comigo, faz parte da minha família. A família faz tanta falta às pessoas. Elas sentem-se sós, desenraizadas. Elas perderam as suas famílias e a sua ligação a elas. As pessoas têm a necessidade de sentir que pertencem a algo. Ser família significa estar lá para cuidar do outro e por ele ser cuidado. O meu marido adotou 40 rapazes e ensinou-lhes os nossos valores e a nossa cultura como o fez aos nossos filhos. Agora que estou viúva, todos eles me apoiam na minha vida diária. Eu acolho pessoas não só em minha casa como também na minha família. É isto que todos desejamos.

Eu não acredito que existam pessoas maléficas neste mundo, apenas pessoas traumatizadas. Mas a Terra sempre oferece a cura. Também não acredito que tenhamos nascido seres humanos, mas que a nossa missão é sermos humanos todos os dias. Sabes que és um ser humano quando nutres compaixão pelos demais. Essa é a chave: compaixão pelos outros.

INFRAESTRUTURAS DE EXTRAÇÃO DE RECURSOS ESTÃO A MATAR-NOS

John Quigley, Turtle Island - EUA

John Quigley é um artista ambiental e membro da direção da Environmental Media Network (EMA). Ele ajuda na proteção da natureza e do ambiente através da sua coragem e das suas icónicas ações de arte aérea um pouco por todo o mundo.

Defender o Sagrado significa proteger os heróis que estão na linha da frente na luta pela proteção da Terra. O seu trabalho é extremamente perigoso. Eles enfrentam grandes adversidades. Todos eles têm uma história de David e Golias para contar. Em cada lugar onde decorrem explorações mineiras, fraturamentos hidráulicos ou outras formas de extração de petróleo e gás, uma ou várias pessoas arriscam as suas vidas por quererem contrariar estas forças muito superiores a elas. Elas sentem um chamamento para intervir, mesmo que ponham a sua segurança em risco. Apesar de diferentes, todas as histórias têm algo em comum: a invasão da sua propriedade para futura extração de recursos, que irá alimentar o consumismo do sistema capitalista. E as consequências serão devastadoras.

Estes activistas são geralmente desconsiderados nas suas ações. E se ousam juntar um grupo organizado de protestantes dentro da sua comunidade, são frequentemente pressionados, intimidados, ameaçados e, bem mais vezes do que pensamos, assassinados. Peço a todos os que se preocupam com o futuro do nosso planeta: juntem-se a estes activistas! Eles necessitam de aliados e que a sua história seja divulgada. Um pouco de luz sobre o seu trabalho ajudará a mantê-los vivos e dinâmicos. Quanto mais próximos deles estivermos, mais popular e aceite se tornará o seu trabalho. Eles ganharão força para atenuar o impacto sobre as florestas, os rios, as montanhas, os oceanos e a natureza de um modo geral.

Aqueles que se opõem, apesar do menor apoio, são aqueles que, curiosamente, têm criado o maior impacto. Eles marcam a diferença na hora da destruição. Como 'pessoas do bem', centramos as nossas energias em mudar os nossos hábitos, provocar mudanças nos regulamentos dos mercados e governamentais, e interpelando alguns processos judiciais. Todos estes são aspetos importantes do nosso trabalho. Temos conseguido algumas vitórias nos tribunais e a nível político, no entanto a máquina mortífera e gananciosa das grandes empresas está a destruir a natureza e a Terra mais rápido do que imaginamos. Enquanto conquistamos vitórias nos tribunais, as águas e as florestas estão a ser destruídas sem cessar. Confrontados com tão grande ameaça para o nosso futuro, deve ser nossa prioridade o fim da destruição das águas, da terra e dos ecossistemas que nos dão vida.

'A forma como defendemos
o sagrado importa.
As nossas atitudes
determinadas e
a revolta sagrada
nascem de um sentimento
de compaixão.'

John Quigley

Convido-o a apoiar um destes heróis e as suas campanhas, seja financeira ou pessoalmente, seja partilhando as suas histórias com o mundo. Sinta esta forte transformação na sua vida. A forma como defendemos o sagrado importa. Não é possível protegermos um rio a longo prazo se no presente atuamos desde uma fonte interior de ódio e violência. Este ciclo de pensamento e de ação violentas pode conduzir a atos de violência sobre o rio e sobre nós mesmos. Isto, no entanto, não significa que não possamos ser acérrimos defensores do sagrado. Na verdade, essa é a nossa chamada. Mas há uma diferença entre ser um defensor convicto ou um defensor violento. Enquanto o primeiro atua desde uma fonte de compaixão e de força moral interior, o segundo atua desde uma fonte de ódio. Gandhi tinha bem clara a sua visão e sempre se mostrou inabalável na sua intenção. Os acontecimentos de Standing Rock foram a experiência mais representativa do que Gandhi definiu como 'força da alma' que tive; uma oposição de forma alguma dócil, mas igualmente sem violência, através da oração. Esta forma de activismo sagrado é o caminho para a nossa autodescoberta e para um futuro viável para o planeta.

Convido-vos então a saírem das vossas zonas de conforto e a se juntarem àqueles que estão na linha da frente para a mudança.

É URGENTE!

Libertando o Dragão: Para um Futuro sem Combustíveis Fósseis

Barbara Kovats, Suíça/Portugal

Imaginar um futuro sem combustíveis fósseis é uma visão muito grandiosa. Portanto, gostaria que nos tornemos conscientes destas substâncias preciosas que descansam na Mãe Terra e as quais extraímos em tantos lugares. Olhemos para o petróleo como o poder do dragão que dorme nas profundezas da Terra e que liberta fogo e energia quando acordado. Mas que tipo de fogo? E que tipo de energia? A humanidade criou uma estrutura fechada para controlar a força e a circulação destas energias selvagens, impedindo que elas possam servir o bem comum de uma forma natural. O dragão é assim silenciado e mantido em cativeiro. É esta imagem que serve de espinha dorsal ao mundo ocidental.

Foi montado todo um novo sistema em volta do petróleo, que interliga as indústrias automóvel, transportadora, farmacêutica, agrícola, têxtil e outras. O petróleo bruto é constituído por uma mistura de componentes, os quais são separados em vários derivados nas refinarias. Estes derivados incluem gás liquefeito de petróleo (GLP), gasolina, querosene, lubrificantes, alcatrão e coque. O visionário solar Herman Scheer refere-se às refinarias como o ponto de ligação entre as indústrias, nas quais todos os interesses são interdependentes. Cada produto derivado do petróleo tem uma função específica: combustível para transportes, asfalto para a construção de estradas, e outros fragmentos para a produção de pesticidas, têxteis e plásticos. A extração de petróleo permitiu a criação de um diversificado sistema industrial, reduzindo a produção de componentes fora deste. No seio deste sistema, é impossível mudar somente um aspeto. Quem procura mudar um único detalhe encontra sempre resistência de todos os envolventes neste sistema, fortemente unificado e com um lobby político marcado. Por exemplo, tomemos como possibilidade o apoio à agricultura biológica, contra à utilização de pesticidas específicos. No caso de sermos bem-sucedidos, tais pesticidas deixariam de ser produzidos. No entanto, pelo facto das refinarias continuarem a produzir ditos derivados a partir do petróleo em bruto, tal afetaria a rentabilidade de todo o sistema. Quem quiser trazer mudanças a um dos setores da indústria do petróleo, deverá esperar oposição vinda de todos os demais, que tão eficientemente operam entre si. Deste modo, não é possível ter êxito quando enfrentando o poder conjunto de toda a indústria.

Um mundo sem combustíveis fósseis só será possível se reformularmos por completo a estrutura deste sistema. Para isso teremos de construir uma alternativa que impacte positivamente todas as áreas e que seja regenerativa em vez de destrutiva. Teremos de mudar o sistema na sua totalidade se quisermos libertar o dragão. Painéis solares ou estações de energia solar são certamente passos dados na direção certa. Mas só podemos deixar para trás a cultura do dragão escravizado se investirmos num sistema totalmente novo.

Devemos ter presente duas ideias acerca do sistema atual: Primeiro, são necessárias enormes quantidades de dinheiro para investimento em atividades como a exploração petrolífera em Portugal, as quais somente as grandes estruturas de poder conseguem oferecer. Estas estruturas são compostas por alianças entre governos, empresas multinacionais e instituições financeiras centralizadas. O sistema do petróleo tem assim no seu cerne uma estrutura centralizante, a qual cria dependência entre as partes. Desta maneira, o poder de produzir e distribuir matéria-prima está nas mãos de cada vez menos pessoas. Nos tempos que correm, a concentração de poder económico é sinónimo de poder sobre as pessoas e sobre os sistemas ecológicos. É o poder da destruição.

Em segundo lugar, somente em certos locais na Terra é possível aceder a este precioso dragão adormecido. Governos e empresas com fome de poder veem-se, portanto, obrigados a controlar ditas regiões a fim de garantir o acesso a estas fontes de energia. A sobrevivência destas entidades está dependente do controlo, posse e distribuição destas matérias, tão necessárias ao sistema e às pessoas que dele dependem. Aqueles que procuram ter poder devem ter acesso às regiões nas quais os combustíveis fósseis se encontram. Este é um facto inevitável, e todos os meios parecem ser justificáveis para o alcançar. A guerra é, consequentemente, um fator inerente à lógica do sistema dos combustíveis fósseis. E essa é a razão maior pela qual a guerra do petróleo prevalece em todo o mundo. Muitos são os que morreram na tentativa de aceder ao dragão; assistimos ao genocídio de culturas e povos inteiros. Inúmeros povos foram expulsos das suas terras, desde os nativos americanos aos nómadas tundra da Sibéria. Ecossistemas inteiros foram destruídos e várias espécies de plantas e de animais foram extintas. Atualmente, a destruição da natureza e os indícios de guerra colocam em sobressalto o mundo inteiro: do Médio Oriente às áreas remotas da selva nas Américas do Sul e Central, e ameaçam a profundeza dos oceanos e o Ártico. É um desafio enorme derrotar este sistema. Quero ser muito clara quando digo que nenhum de nós o conseguirá fazer por si só.

Mas o que significa construir uma alternativa? Não basta desenvolvermos alternativas técnicas ou sociais específicas, mas conjuntamente edificar uma estrutura basilar coerente de uma nova sociedade.

O Campo de Testes Solares de Tamera visa integrar sistemas tecnológicos que usualmente funcionam em separado num sistema abrangente e eficaz. Não é tarefa fácil. Consideremos, por exemplo, uma instalação de biogás. Pretendemos utilizar o biogás para aquecer água. As caldeiras mais apropriadas

'Teremos de escolher criteriosamente as fontes de energia se queremos viver em abundância.'

Barbara Kovats

são fabricadas na China, no entanto não as podemos importar por não terem a certificação adequada. Precisamos de bicos de fogão específicos para ligar os vários fogões ao sistema. Fomos à procura e eles, de facto, existem... em lugares remotos do mundo. Finalmente, um especialista em biogás informou-nos que o povo de Zabaleen, em Manshiyet Nasser (uma favela no Cairo, Egipto) produz vários modelos de válvulas para uso próprio, mas por viverem em montanhas de lixo não podem ser contactados por internet. Torna-se por demais evidente que a humanidade não está a investir a sua inteligência na construção de uma alternativa global.

E este é um sintoma do nosso tempo. Soluções tecnológicas individuais são desenvolvidas em diversos locais, porém cada companhia apenas parece preocupada com o seu produto e com os lucros que dele retirará. Temos hoje em dia fogões solares, sistemas de produção de biogás e espelhos Scheffler, os quais podem encontrar no nosso Campo de Testes Solares. Mas eles nunca foram conjugados num sistema único, que é o que é realmente necessário. Não é do nosso interesse viver com um conjunto de ferramentas individualizadas, o que nos obrigaria a cozinhar num lugar, ter a bomba de água noutro e ainda ter de encontrar alimento noutro. Queremos sim criar e viver num sistema que nos dá tudo o que precisamos num mesmo local.

O Campo de Testes Solares é ainda uma abordagem muito modesta à necessária mudança de sistema. Nas dificuldades sentidas durante o trabalho levado a cabo, conseguimos entender os maiores obstáculos à utilização das fontes renováveis de energia numa escala maior. Em primeiro lugar, a capacidade de trabalhar em conjunto é frequentemente afetada por conflitos pessoais não resolvidos. O fator humano no uso das tecnologias é me-

nosprezado; porém quase tudo depende disso mesmo. O haver confiança ou competição entre inventores é decisiva para o surgimento ou não de uma alternativa verdadeiramente sustentável. É por isso que o nosso trabalho na construção de um modelo social é de tamanha importância.

Um mundo mais humano não é apenas uma questão de tecnologias mais gentis. Se a tecnologia puder contribuir para um mundo mais humano, terá inevitavelmente de ter na sua base valores éticos humanos, e estes apenas nascerão de novas formas de vida em grupo. O contexto das nossas escolhas é sempre importante. Por exemplo, usamos biogás como um elemento de um sistema regenerativo descentralizado ou juntamente com a monocultura e a exploração dos animais? A sabedoria em tecnologia solar descentralizada é utilizada para criar melhores condições de vida numa aldeia em África ou para fins militares? Estas não são questões tecnológicas, mas antes questões éticas. A base ética para a mudança de sistema é criada numa comunidade. Este é o principal tema de investigação em Tamera e, por isso, o Campo de Testes Solares é uma parte tão ativa e importante na comunidade.

Gostaria de mencionar uma pessoa particularmente importante na fundação do nosso Campo de Testes: Juergen Kleinwaechter. Ele foi uma das poucas pessoas a assumir o desafio de desenvolver uma nova abordagem para a energia solar. Ele inventou motores, sistemas de refrigeração e outros, mas sobretudo insistiu sempre na necessidade de uma transição sistémica integrada para um sistema de energia alternativo, e que este deveria ser baseado no Sol.

Gostaria de dizer duas coisas sobre o nosso amado Sol. Já mencionei que a centralização do poder é inerente à indústria petrolífera.

31

O Sol é inerentemente descentralizado. A sua energia está disponível a todos, em todo o lado. A outra qualidade essencial do Sol é abundância. O capitalismo baseia-se na escassez, a qual deve ser mantida artificialmente para que o sistema de oferta e procura possa funcionar. Mas o Sol oferece constantemente 15,000 vezes mais energia daquela que nós seres humanos precisamos. Esta é uma mensagem muito clara de que não vivemos em escassez. Não precisamos de poupar energia. Mas teremos de escolher criteriosamente as fontes de energia se queremos viver em abundância.

Voltando à imagem do dragão: nas profundezas da Terra encontra-se um enorme poder, armazenado em forma de combustível fóssil. Nós pouco ou nada conhecemos desse poder ou o seu significado. Talvez foi ele que iluminou corações de todo o mundo - de Standing Rock à Cova do Vapor - para representar a proteção do nosso planeta. Defender o Sagrado! Uma coisa é certa: a queima do petróleo e, derivado disso, as alterações climáticas e o levar à destruição da vida, não é um comportamento correspondente à inteligência que nós acreditamos que o Homo Sapiens tem. Precisamos hoje de centros e comunidades onde outras possibilidades de cooperação com os poderes do dragão sejam estudadas.

Barbara Kovats é a coordenadora do Campo de Testes Solares de Tamera. Ela tem o coração aberto para todos os seres vivos.

Somos Filhos das Estrelas

Juergen Kleinwaechter, Alemanha

A humanidade está perante uma mudança de época. Aos poucos e poucos, estamos a deixar para trás a Era da energia nuclear e dos combustíveis fósseis, e a focarmo-nos na fonte de toda a vida, energia e matéria: a nossa estrela solar, o Sol.

Desde o nascimento do universo que os elementos-base hidrogénio e lítio chocam constantemente no férvido núcleo de biliões de estrelas. A partir destes, todos os demais elementos foram criados – desde o hélio aos elementos superpesados transuranianos – e dispersos pelo espaço, por via de violentas explosões. O brilho das estrelas atravessou esta 'poeira cósmica', proporcionando a ocorrência de outro milagre: o encontro da luz com a matéria levou à formação de moléculas complexas que servem de base à vida – água e aminoácidos. Também podemos dizer que a confluência do espírito (luz) e da matéria (os elementos da poeira cósmica) neste episódio marcante da origem do mundo, levou a que fossem criadas as condições para a vida. O fenómeno da gravidade levou à formação dos planetas, incluindo a nossa esplendorosa Terra.

Portanto, podemos afirmar que somos, literalmente, filhos das estrelas e da luz (em cada um de nós ainda existem moléculas dos primeiros protossóis da criação). Os elementos constituintes da biosfera da Terra – plantas, animais e seres humanos – são produtos da interação entre fótons solares e matéria. Os biótopos complexos formados nos reinos vegetal e animal encontram condições estáveis aquando da cooperação e sinergia entre os seres, apesar da grande variedade de espécies. Os humanos também devem a sua existência a esta cadeia de apoio mútuo. Sabemos hoje que a frase 'somos todos um' não é meramente esotérica, mas descritiva de uma realidade que é a base para toda a vida. No decurso da minha vida como investigador solar, aprendi a reconhecer a enorme dádiva do Criador ao dar-nos a luz das estrelas. Carvão, petróleo, gás e urânio são recursos escassos pelos quais lutamos e que originam guerras sangrentas. No entanto, devemos reconhecer que estes são gerados através da radiação solar e que seriam ineficazes se não fosse a intervenção desta mesma radiação. Por outro lado, tratam-se de meros subprodutos se os compararmos com o fluxo constante e abundante de luz que o Sol nos oferece. Podemos fazer uso deste fluxo de luz, que se distribui de maneira relativamente uniforme e incide livremente sobre o nosso planeta. Sob o território da Arábia Saudita incide anualmente uma quantidade de energia solar que ultrapassa, por larga margem, as quantidades de petróleo extraídas do deserto. Atualmente, dispomos dos recursos tecnológicos para transformar esta energia radiante em potência, eletricidade, refrigeração, calor, biomassa e muito mais nos vários locais do planeta, sendo com isso possível a produção local e a criação de postos de trabalho. Tudo isto já é possível no presente e muitas mais serão as possibilidades no futuro. Estamos na transição para a Era solar.

Gostaria de descrever a energia solar nos seguintes termos: É uma dádiva gratuita. Não aceitarmos isto sugere que estamos cegos ou que somos mal-agradecidos. Está presente numa abundância Dionisíaca e tal cria paz, porque quando há abundância não há necessidade de luta pelos recursos. Apelo a seguirmos o caminho solar e a darmos um passo em frente na evolução do Homem.

Pessoalmente acredito que esta Era solar tem uma fonte religiosa, na medida em que nos relembra que somos filhos das estrelas. A deslumbrante e alegre imersão no estudo da criação solar mostrou-me que, para além da física entusiasmante dos fótons de luz, também revela informações de um mundo pleno de amor e justiça. Embora não possamos ver diretamente a face do Criador, podemos sentir, ao contemplarmos o mundo, que ele nutre uma empatia e um amor indescritivelmente profundos por toda a Criação.

Juergen Kleinwaechter é físico e inventor. Cresceu em França, na Alemanha e no Egipto, estudou Física e Astrofísica em Grenoble e fundou, juntamente com o seu pai, Hans Kleinwaechter, o Instituto KLERA: 'Kleinwaechters Entwicklung und Forschung, Raumfahrt und Atomtechnik' ('Centro de Investigação e Desenvolvimento em Viagens Espaciais e Tecnologia Nuclear de Kleinwaechter'). Eles investigaram óticas de baixa concentração, termodinâmica e os sistemas fotovoltaicos de concentração e a sua aplicação.

Dedicado ao desenvolvimento de tecnologia pacifista que realmente ajude as pessoas a melhorar as suas condições de vida, Juergen leva mais de 40 anos pesquisando e testando a aplicação de tecnologia solar. A observação do funcionamento da natureza tem sido uma inspiração contínua para as suas invenções.

Nas várias viagens a países de 'terceiro mundo', ele conheceu pessoas migrando de áreas rurais onde a sobrevivência se tornou impossível. Foi especialmente para eles que combinou as suas ideias, até então singulares, para desenvolver o conceito de 'Aldeia da Luz'. Fortemente independente da grande indústria, esta tecnologia foi desenhada para produzir energia para cozinhar e para o bombeamento de água, para a produção de eletricidade e purificação da água.

Precious Plastic e Conhecimento para Todos: Lidando com Problemas Globais com Design de Código Aberto

Dave Hakkens, Holanda

Enquanto estudante da faculdade de Design, desenvolvi um projeto sobre a eliminação de resíduos eletrónicos. Tive a ideia de desenhar um telemóvel modular para que as peças partidas pudessem ser substituídas em vez de ter de comprar outro. Postei o vídeo online, esperando que empresas me contactassem. Em resposta ao vídeo, algumas delas começaram a construir este telefone modular, entre as quais a Google, que passou dois anos a investir no projeto. Na minha primeira visita à sede da Google em Silicon Valley, o telemóvel era do tamanho de um frigorífico. Com o tempo foi-se tornando cada vez mais pequeno, até que se obteve o produto final, pronto para a produção em massa. Foi então que a empresa decidiu centrar-se no desenvolvimento de software ao invés de hardware. O projeto foi cancelado, desperdiçando-se milhões de dólares e muitos recursos. Foi aí que percebi que ditos projetos não devem estar nas mãos de um tão reduzido número de pessoas, mas pertencer a toda a população. O seu desenvolvimento deve ser imparável e 'criado de raiz'.

Esta lição levou-me a criar o meu próximo projeto, Precious Plastic. Tudo começou quando descobri que menos de 10% do plástico usado globalmente é reciclado. De todos os milhões de toneladas de plástico produzidos anualmente, grande parte é despejada em aterros sanitários, lançada para os oceanos ou queimada. Foi então que comecei a pensar em como poderíamos reciclar mais plástico. Levei a cabo um estudo extensivo, visitando empresas e zonas industriais para saber por que tão escassa quantidade de plástico é reciclada. Descobri então que a reciclagem do plástico é um tema delicado para qualquer empresa.

Por outro lado, a população geralmente não tem o conhecimento de como reciclar o plástico. Por exemplo, para construir algo com madeira, vai-se a uma loja, compra-se um serrote ou um martelo e constrói-se uma cadeira. Para construir algo com metal, compra-se uma rebarbadora ou uma máquina de soldar e faz-se o que se quiser. Mas para se reutilizar o plástico, não se encontram ferramentas. Deste modo, decidi construir máquinas para criar algo de precioso a partir de resíduos plásticos. Publicamos todos os diagramas de ditas máquinas e todo o nosso conhecimento sobre as mesmas gratuitamente na internet.

É isto que se entende por 'open source' ('código aberto'). Cada indivíduo à face da Terra tem a possibilidade de descarregar os diagramas e começar a construir estas máquinas. Utilizamos componentes fáceis de obter em qualquer lugar, tais como peças padronizadas das indústrias automóvel e de saneamento ou de antigos eletrodomésticos. Queremos que o processo de recriar as máquinas seja o mais fácil possível para as pessoas.

Demorou um pouco, porém mais e mais pessoas em todo o mundo começaram a construir estas máquinas. Atualmente, temos conhecimento de terem sido realizados 200 workshops. Elaborámos um mapa com a sua localização, que pode ser encontrado no nosso site. Não conhecemos pessoalmente todos os instrutores – apenas que iniciaram com os workshops. Cerca de um novo workshop é iniciado semanalmente.

É esse é o poder do povo, o poder do 'código aberto'. O problema do plástico é tão grave e generalizado que não faria sentido visitar todos estes lugares e, no papel de especialistas, ajudar a estruturar os workshops. O modo como operamos permite às pessoas tomarem iniciativa própria e não serem dependentes de nós.

A informação está disponível gratuitamente. Isso é o que mais gosto neste projeto. É iniciado por uma comunidade e criado de raiz. Não é dependente de um inventor, de uma organização ou de uma empresa. Embora tenhamos sido nós a lançar o projeto, agora é desenvolvido por toda a comunidade. As pessoas estão a melhorar as máquinas e partilhando as informações sobre como fazê-lo na internet. Elas expandem a gama de alternativas de modo que o número de exemplos de como podem ser produzidas está constantemente a aumentar.

Eu trabalho frequentemente em projetos sustentáveis. Uma das coisas que eu pretendo fazer no futuro é mudar de estilo de vida. Eu vivo na Holanda e considero que faço mais ou menos parte do sistema. Este sistema é inerentemente poluente. Quando vou ao supermercado, encontro produtos importados de todo o mundo. Quando caminho pela cidade, a iluminação da via pública está sempre em funcionamento. Temos de ir para o trabalho diariamente para ganhar a vida. Temos de participar neste sistema capitalista, o qual deixa uma enorme pegada ecológica. Seria melhor não me sentir culpado só porque quero viver.

Porém, mudar de estilo de vida exige mais do que construir uma máquina; requer uma grande mudança de hábitos. Assim, concebi o projeto "Kamp' como uma maneira de criar uma alternativa. O que considero realmente importante neste projeto, tal como no 'Precious Plastic', é que não é apenas construído num único lugar à face da Terra, mas que pode chegar a todos gratuitamente, em formato de código aberto.

Deste modo, está continuamente a ser melhorado e a evoluir. Eu acredito que muitas pessoas querem desistir do sistema existente, no entanto estão à procura de encontrar uma

'Ditos projetos não devem estar nas mãos de um tão reduzido número de pessoas, mas pertencer a toda a população.'

Dave Hakkens

alternativa convincente. Poucas são aquelas que têm conhecimento das alternativas já existentes, como por exemplo Tamera. Está na hora de trazer essas alternativas à baila e que sejam uma fonte de conhecimento acessível a todos.

A nossa contribuição é a de documentar e publicar informações sobre o projeto 'Kamp'. De momento encontramo-nos em fase de pesquisa. Seguidamente, queremos encontrar um terreno para começarmos a construir um protótipo. Enquanto continuamos com o 'Precious Plastic', olhamos para o 'Kamp' como um projeto de vida. Eu estou verdadeiramente ansioso por meter mãos ao trabalho e começar a construção.

Ainda existem muitos problemas globais. Apesar de os termos causado, nós seres humanos também os podemos resolver. Estamos a tentar construir – online e no terreno – uma poderosa comunidade de pessoas que amam este trabalho.

Dave Hakkens é um inventor e activista ambiental global.

Websites:
davehakkens.nl
preciousplastic.com
projectkamp.com

CURA DA ÁGUA E COOPERAÇÃO COM A NATUREZA

Introdução aos Princípios de uma Paisagem de Retenção de Água

Excerto de um livreto informativo publicado por Bernd Walter Mueller, Alemanha/Portugal

Bernd Walter Mueller, Diretor do Instituto Global de Ecologia em Tamera, está fortemente ligado à essência da água, o que o ajuda no desenvolvimento do seu trabalho estratégico de restauração ecológica.

A desertificação, as secas e as cheias têm uma mesma origem: a disrupção do ciclo hidrológico causada pela desflorestação, pela agricultura industrializada e pelas superfícies cimentadas nas áreas urbanas. O solo desprotegido torna-se quente e perde a capacidade de absorção de água. A chuva provoca erosão na camada superficial do solo, o corpo terrestre seca, as reservas globais de água nos aquíferos decrescem, assim como a fertilidade dos solos. Para alcançarmos a plena autonomia na produção alimentar, precisamos de equilíbrio no ciclo hidrológico.

Uma Paisagem de Retenção de Água é um modelo para a gestão natural e descentralizada da água e para a regeneração dos ecossistemas danificados. Ela oferece uma base para a reflorestação, para a horticultura e para a agricultura em regiões ameaçadas pela desertificação, e é parte de um modelo abrangente para a sustentabilidade em grande escala, incluindo o abastecimento de água, alimento, energia e construção de comunidade.

Resumidamente, o princípio fundamental de uma Paisagem de Retenção de Água diz que a água da chuva não deve escoar pela superfície terrestre, mas infiltrar-se no solo onde se precipita. Tomando como exemplo um determinado terreno, o objetivo é evitar que tanto a água da chuva como as águas residuais escoem para lá das fronteiras do terreno e que a única água que flui livremente seja água de nascente.

Quando o aquífero é recarregado, a água disponibilizada pelos poços e nascentes é suficiente para satisfazer todas as necessidades humanas. Na maioria dos casos, o solo e o corpo terrestre não são capazes de absorver de imediato a água da chuva. Por isso métodos diferentes são aplicados no contexto de uma Paisagem de Retenção de Água, de forma a restaurar o equilíbrio hidrológico. Tal inclui: construção de reservatórios para retenção de água (lagos e charcos), terraços, manter uma baixa proporção de superfícies cimentadas, estradas propícias à infiltração de água, valas de infiltração, áreas de vegetação permanente, palhagem, gestão adequada de pastoreio, reflorestação, entre outros. Se estas diretrizes são compreendidas e integradas no planeamento e gestão, possibilita-se o acesso a água durante o ano inteiro, reverte-se o processo de erosão, evitam-se deslizamentos de terra, a vegetação cresce com vigor, os rios fluem constantemente, as cheias tornam-se moderadas, diminui-se o risco da ocorrência de incêndios e protege-se a produção agrícola.

Esta é a razão pela qual sublinhamos a importância da gestão sustentável da água. Nos países com uma infraestrutura pouco desenvolvida, existe um grande potencial para implementar estas medidas corretamente, evitando a repetição dos erros do passado e da gestão atual.

Água é Vida: A História de Mni

Tiokasin Ghosthorse, Turtle Island - EUA

Mni é uma palavra em Lakota para 'água' e o seu significado vai muito além de qualquer palavra traduzível para Inglês. Traduzimos como o substantivo 'água', mas essa é apenas uma pequena parte do seu real significado. Para entendermos verdadeiramente o que Mni significa, devemos conhecer a visão cosmológica do mundo do povo Lakota – só aí conseguiremos entender o porquê de nos referirmos a Mni com tanto respeito.

O 'M' significa algo semelhante a 'aquilo que nos liga tu e eu, e todas as coisas entre si'. 'Ni' significa viver. Não é um substantivo, mas um verbo, pois a vida está sempre em movimento. Também representa o leite materno e o peito da mãe. O 'i' significa vocalizar e simboliza o 'dar voz às relações vivas entre tu e eu e todas as coisas'.

Mni é a 'primeira consciência' concedida sobre a Mãe Terra. Mni representa o sangue azul (água) na história da criação do povo de Lakota. Logo, Mni espelha o brilho do universo e a sua transparência reflete um modelo e um caminho para a criação.

Mni é o espaço e o tempo compreendidos pela Mãe Terra, ela que carrega no seu ventre toda a Criação: oceanos, rios, lagos, lagoas, riachos, ribeiros, chuvas, inundações, ondas, humidade, precipitação, orvalho, furacões, tornados, arco-íris e as lágrimas dos bebés.

Mni é um ser vivo. É um poder da Criação juntamente com o sol, a lua, as estrelas, os ventos, o solo, o fogo e todos os seres sencientes e também aqueles que consideramos não o ser.

Mni é um cálice cheio de estrelas. Quando o bebemos, vemos a luz cintilante, os reflexos do sol nas águas da Terra.

Assim que voltarmos a respeitar as culturas indígenas, a espécie humana regressará às 'instruções primárias' que lhe foram dadas. Esta é a linguagem da Mãe Terra, a qual foi ignorada por tanto tempo por força das explicações científicas, políticas e religiosas acerca da vida. No mundo moderno, o Mni é visto como um recurso em vez de como uma fonte de vida. Consequentemente, o desenvolvimento espiritual foi interrompido – a 'primeira consciência' passou a ser vista como um conceito primitivo. Podemos mudar a nossa visão do mundo assim que começarmos a entender Mni como mais do que o substantivo 'água'.

Mni está na respiração, na língua, na ponta dos dedos e em tudo o que podemos imaginar neste universo infinito. Mni permite que os olhos se movam enquanto sonhamos. Mni está sonhando dentro de nós e mantém as memórias que usamos ao longo da nossa vida atarefada. Mni torna-nos humildes nos momentos em que acreditamos que somos importantes.

Cada manhã, eu salpico Mni no meu rosto e esfrio o fogo dos meus olhos. Eu polvilho gotas sobre a minha cabeça e o meu corpo em reconhecimento e gratidão por dar vida a todos no passado, no presente e às potenciais possibilidades do futuro. Eu peço permissão antes de beber Mni. Mni é um ser vivo poderoso, amoroso, comovente, crescente e purificador. Eu bebo esse líquido cheio de estrelas que chamamos de Mni e rezo para que tudo e todos se encham de vida, em vez de viverem sozinhos num mundo antropocêntrico, o qual não entendemos, onde se toma tudo como garantido.

Tiokasin é um activista da paz, membro da Cheyenne River Lakota Nation e um orador internacional que apresenta uma perspetiva indígena sobre a Mãe Terra. Como docente convidado da Universidade de Yale, foca o seu trabalho nos processos de cosmologia, diversidade e pensamento relacional, contrários ao objetivismo-racional convencional. Ele é o fundador, apresentador e produtor executivo do 'First Voices Radio', um programa em direto, de uma hora de duração, que vai para o ar há 24 anos e que é difundido por 70 estações de rádio nos EUA e no Canadá. Ele é um músico experiente e professor de sons mágicos.

Onde os Rios Voltam a Fluir

Rajendra Singh, Índia

O activista ambiental e protetor da água Rajendra Singh é conhecido como o 'homem da água da Índia' ou como 'Gandhi da Água'. Ele é o fundador da ONG 'Tarun Bharat Sangh'. Na sua região natal do Rajastão, iniciou a construção de mais de 10,000 'johads'. Estas são construções simples de pedra e madeira que retêm a água da chuva, dando tempo à terra para a absorver. O seu uso permitiu transformar uma área semideserta em milhares de quilómetros quadrados de fertilidade. Atualmente, são cinco os rios capazes de produzir água todo o ano e mais de 1000 as aldeias capazes de se autossustentarem e de gerarem rendimentos. Em 2015, Rajendra recebeu o Stockholm Water Award. O seu nome apareceu também na lista de '50 pessoas que podem salvar o planeta' do jornal The Guardian.

Enquanto humanidade, não sobreviveremos se não desenvolvermos um novo paradigma e uma nova política de gestão da água. Não conseguiremos resolver a crise climática sem a água. Se queremos que o trabalho global seja sustentável, são necessários exemplos e mudanças a nível local.

O meu trabalho local começou em 1984. Enquanto médico, comecei por oferecer os meus serviços a alguns residentes em estado crítico das aldeias do Rajastão. O país estava a contas de uma seca devastadora. Nas aldeias que visitava, somente idosos lá residiam. Ao fim de 7 meses, um senhor veio até mim e perguntou-me, 'Rajendra, o que faz aqui? Nós não precisamos dos seus medicamentos ou do seu aconselhamento médico. Nós precisamos de água. As pessoas estão a emigrar porque não há mais água. As pessoas ficam doentes porque não há água'. Eu respondi-lhe que não era engenheiro e que não sabia como poderia ajudar. Foi então que me disse, 'Eu posso mostrar-lhe'.

Durante dois dias, levou-me com ele e mostrou-me como a água flui: pelas encostas, acumulando junto às árvores e às raízes e o belo rasto que deixa na terra. 'Podemos reconstruir estas estruturas de modo a que a água possa penetrar a terra novamente' disse-me. Ensinou-me os fundamentos da hidrologia, mas a sua ciência era a do senso comum, não a do lucro. Foi ele quem me motivou a dedicar-me à proteção da água. Comecei logo a construir a minha primeira estrutura de madeira, terra e pedras para retardar a drenagem da água da chuva. Inicialmente não foi fácil. Os aldeãos observavam com incredulidade e diziam, 'Está louco!'. Eles não têm em boa conta os 'profissionais' por serem da opinião que eles não têm trabalhos de verdade. Mas após algumas semanas de trabalho intensivo – cerca de 14 horas diárias – a primeira estrutura estava pronta.

Os indianos acreditam no que veem, não em conceitos e ideias. Assim que viram a água da chuva a acumular neste primeiro johad e, poucas semanas depois, a circular a jusante das nascentes, acreditaram em mim e começaram a construir johads em todo o lado. Foi o começo de um movimento popular. Eu comparecia quando e onde era convidado. Ensinei-lhes e eles começaram a construir. As pessoas dizem que construí 10,000 johads. Não é verdade, apenas construí um, mas este exemplo foi captado, repetido e ampliado a uma escala maior. Ao fim e ao cabo, foi o povo, os aldeãos, que construiu estes 10,000 corpos de água.

É preciso compreender a situação da água no Rajastão. Primeiro que tudo, é uma região com baixa pluviosidade (menos de 250 mm por ano - Ed.). Comparado a isto, Portugal é uma terra abençoada. No entanto, no passado havia água suficiente para a população trabalhar as terras, manter florestas e cuidar dos animais. Mas desde que a Índia se tornou independente, os terrenos mudaram de mãos com frequência e as florestas foram negligenciadas, desaparecendo num curto espaço de tempo. Sem a proteção das árvores, o solo até então fértil foi rapidamente inundado pela chuva. A água da chuva não foi contida e não mais pôde ser absorvida, pelo que os lençóis freáticos não foram repostos. Simultaneamente, o governo pediu aos agricultores para cultivarem mais, mas para se poder cultivar é preciso água. Com o uso das novas tecnologias, centenas de poços foram escavados, extraindo água de superfícies cada vez mais profundas da Terra. Tal como em vários locais no mundo, a concentração dos lençóis freáticos decresceu abruptamente porque as suas reservas não foram repostas. De repente, ficámos sem água. A região tornou-se um deserto, as nascentes e os ribeiros secaram e as pessoas abandonaram as terras. A minha aldeia estava quase deserta.

Nos dias de hoje, encontrará toda uma área verdejante com rios, florestas e aldeias vibrantes. Delegações do Irão, Iraque, Afeganistão e Paquistão visitaram-nos no Rajastão para aprender o nosso método de preservação da água com a ajuda das comunidades locais. É muito semelhante a Tamera – para onde olhe, verá natureza viva a nascer, os vales têm água a jusante novamente. Tamera pode igualmente servir de modelo a Portugal. Se replicada e aplicada em grande escala, toda a região poderá mudar. Basta darmos uma pequena ajuda à natureza, que ela nos retribui mil vezes mais. A minha experiência e o meu exemplo podem ajudar a guiar a luta pela proteção da água e da Terra no século XXI.

A água trará paz ao planeta. Ao longo dos últimos quatro anos, visitei mais de 60 países. Eu acredito no poder das ações locais quando incorporadas numa estratégia global. Temos de trabalhar a diferentes níveis. A Terra encontra-se dominada por uma nova religião: a religião do dinheiro, a religião de quem quer extrair mais e mais. Fazemos todos parte deste sistema. Enquanto uns o conduzem, os outros deixam que aconteça. Temos de mudar as nossas atitudes e não deixar que tal continue a acontecer, para que as pessoas de poder percam a sua influência.

Temos de mudar o paradigma da água. No passado, as pessoas santificavam a água, a Terra e o Sol. Atualmente temos sistemas de gestão de água centralizados em todo o mundo e esta tornou-se uma mera comodidade. Isto leva a injustiças e a tensões. Temos excesso de pessoas a viver sem água e poucas pessoas com água em excesso. O novo paradigma coloca a gestão descentralizada da água na mão das comunidades. Essa é a resposta às crises climáticas e aos problemas de água no século XXI.

Um Plano de Ação Global para o Clima

Vlado Zaujec, Eslováquia

Vlado Zaujec é o CEO e cofundador do 'Rain for Climate'. Estudou na Universidade de Economia em Bratislava, Eslováquia, especializando-se em Tecnologias da Informação. Após os seus estudos, trabalhou como gerente de projetos e programador na indústria de T.I. por um longo período de tempo, até que um golpe de sorte o fez mudar de vida. Ele é agora cofundador de diversas novas startups e ONGs relacionadas com o ambiente.

Website: www.rainforclimate.com

Estou aqui em nome da organização 'Rain for Climate', fundada pelo engenheiro hídrico Michal Kravčik, que culmina 30 anos de investigação levada a cabo por um vasto grupo de cientistas.

Atualmente, experienciamos fenómenos climáticos extremos em todo o mundo: ondas de calor, inundações, secas, incêndios florestais, deslizamentos de terra. Todos estes fenómenos têm algo em comum: água. Temos consciência que isto não é do conhecimento geral, pelo que o nosso objetivo é o de apresentar factos científicos que suportem esta afirmação e de trazer soluções que possam ser aplicadas globalmente.

Como pode a água influenciar o clima?

Olhe para a erva em seu redor. A erva é outra forma de água. O sol irradia diariamente uma enorme quantidade de energia sobre a superfície da Terra. O que acontece com toda essa energia?

Quando incide sobre um pedaço de terra saturado com água, esta evapora, consumindo cerca de três quartos dessa mesma energia. A água é a substância com maior capacidade de absorção e de libertação de calor de todas. A água evaporada da terra e dos oceanos forma nuvens. Quando o solo está saturado, as plantas crescem. As plantas são água e carbono que se decompõem e formam o húmus, o qual também retém carbono. Se voltarmos a saturar os solos com água, as plantas poderão crescer novamente e absorver o carbono presente no ar. Podemos então criar novas nascentes através da retenção da água da chuva; ribeiros e rios poderão fluir novamente. Temos acompanhado um projeto na Arábia Saudita que serve de exemplo prático disto mesmo. Aqui é possível ver como um deserto pode ser rapidamente reconvertido numa paisagem verde. Parece bom demais para ser verdade. E, no entanto, é verdade! Visitem o nosso site!

Imagine agora o Sol a brilhar sobre um terreno árido. Ao caminhar descalço sobre o mesmo, consegue sentir o calor debaixo dos seus pés, isto porque muita da energia solar foi transformada em calor. Nos locais onde o solo é seco, este calor não pode mais ser absorvido pois não há substância que se ligue a ele e que o liberte. Assim, permanecerá no local. Ontem pudemos avistar um pequeno tornado. Foi forte e causou alguns estragos. O tornado representa a energia que está presente, mas que não deveria. Estas são consequências destrutivas a afetar áreas onde não há água suficiente para absorver e libertar o calor por evaporação. A aridez irradia calor, liberta-o no ar, formando colunas de calor que afastam as nuvens. Consequentemente, menos chuva cai sobre estas áreas, já por si secas. Por outro lado, as colunas de calor condensam as nuvens sobre um espaço muito reduzido, causando precipitação violenta em dadas regiões. Todas estas observações são corroboradas pelos dados e análises recolhidos. Falamos de factos objetivos e inquestionáveis.

O que podemos fazer acerca disso? A boa notícia é que a situação é fácil de resolver. Podemos criar medidas de retenção de água semelhantes às adotadas em Tamera. Tamera é também um dos nossos exemplos - nos escassos dias de chuvas fortes, raramente se registaram inundações. A área envolvente é muito seca, no entanto ainda há água potável.

Com base nestes factos, começámos um movimento global, o 'Rain for Climate'. Combinámos os factos científicos recolhidos ao longo dos anos com tecnologia de ponta. Imagine um drone a sobrevoar uma região, recolhendo dados na hora e a enviá-los para nós. Um simples drone pode avaliar toda a península Ibérica. Depois analisamos a situação através dos dados recolhidos e propomos as medidas que cremos mais adequadas, e a implementação de projetos de retenção de água. Estas propostas são partilhadas com entidades locais responsáveis pela sua aplicação. No final da primeira época de chuvas após o final do projeto, avaliaremos novamente a região com o nosso drone para verificar se tudo foi feito corretamente. Se o calor emitido pela terra não for excessivo, assumimos que o trabalho de revitalização foi bem-sucedido. Entregamos então um certificado aos responsáveis e começamos a trabalhar na próxima área de intervenção.

A nossa visão é a de lançar uma frota mundial de drones para uso por parte dos coordenadores regionais. Queremos iniciar o maior número de projetos o mais rapidamente possível. Não há tempo a perder! Nós humanos conseguimos extrair 700 quilómetros cúbicos de água do solo em todo o mundo - estamos a falar de, aproximadamente, 35 vezes o volume do Monte Everest. Esta quantidade de água tem de ser devolvida à Terra.

Michal Kravčik e a sua equipa elaboraram um plano de ação global. Estamos agora a fracionar este plano em etapas viáveis, com ações para cada continente e país. Estamos à procura de contactos com entidades locais para trabalhar para o 'Rain for Climate' e a ajudar-nos na coordenação do projeto. Estamos a falar de trabalho remunerado, não de contribuições voluntárias idealistas, porque sem uma dedicação profissional não seremos capazes de provocar as tais mudanças a grande escala que precisamos num tão curto espaço de tempo.

Uma estimativa otimista da nossa parte é que restituiremos 25% da água necessária de volta à Terra num prazo de 5-7 anos. Se não formos bem-sucedidos, é escusado voltarmos a discutir o assunto; o nosso planeta estará condenado. Prevemos que este curto período de 5-7 anos é tudo o que temos antes que o nosso sistema ecológico global esteja de tal modo desestabilizado que não nos seja possível corrigi-lo.

É URGENTE!

O que fazer agora? Estamos a lançar uma campanha global para a difusão de conhecimentos e à procura de coordenadores locais. Obviamente também necessitamos de apoio financeiro. Devido às condições meteorológicas extremas, as alterações climáticas implicam riscos elevados. A água é o elemento-chave para reequilibrar o clima.

Vamos trabalhar juntos! Se tudo isto lhe faz sentido e quer apoiar o nosso trabalho, por favor entre em contacto connosco.

Walking Water - Ouvindo o Apelo da Água

Gigi Coyle, Turtle Island - EUA e Kate Bunney, Grã-Bretanha

Depois de vários anos vivendo e trabalhando em Tamera, Kate Bunney é agora cofundadora e coordenadora da Walking Water, membro da Beyond Boundaries e da Weaving Earth, na qual pertence ao Conselho.

Fundadora da Beyond Boundaries e cofundadora da Walking Water, Gigi Coyle é activista comunitária, orientadora em ritos de passagem, membro do Conselho e mentora. Trabalha com organizações humanitárias na busca de cura e da mudança necessária no nosso mundo.

A iniciativa Walking Water (WW) nasceu em 2012 e, desde então, passou de uma visão de peregrinação a ser parte de um movimento social apoiado pela comunidade. Kate Bunney ouviu o apelo da água quando visitou Payahuunadu (em Owens Valley, Califórnia), o vale mais profundo na área continental dos EUA e um lugar marcado pela disputa pela água nos últimos dois séculos. A sua história conta-nos a expulsão dos povos indígenas de Paiute das suas terras, a chegada de empresas de exploração mineira e as aquisições secretas de terrenos e água pela autarquia de Los Angeles.

Esta é uma das muitas histórias a nível mundial em torno da água que conta situações de sofrimento e luta, injustiças sociais e de pressões de caráter político e judicial após um começo pacífico. No final, são sempre os bons contra os maus, nós contra eles.

Dada a história, a beleza e a diversidade de Owens Valley, a WW tem-no como um local fulcral para chamar à atenção das populações afetadas pelos eventos traumáticos sobre os corpos de água, bem como para dar início a um movimento individual e coletivo de proteção, cooperação e responsabilidade que pode marcar a diferença local e globalmente.

Entre 2015 e 2017, a WW reuniu durante três semanas vozes ativas de residentes nas bacias hidrográficas de Eastern Sierra e Los Angeles, assim como de caminhantes locais e estrangeiros, para uma peregrinação ao longo dos canais e dos aquedutos – naturais e construídos pelo Homem –, desde a sua nascente até ao local de consumo: 550 milhas entre o lago Mono e Los Angeles. 30 a 50 pessoas de todas as idades e de 11 nações distintas caminharam juntas até um dos maiores centros urbanos dos EUA.

Caminhando de dia e reunindo-nos de noite, discutimos em círculo o que é verdadeiramente necessário de se ser feito; a peregrinação contou sempre com a força da intenção, da oração e das cerimónias. Caminhámos com várias questões... mas expectantes por encontrarmos as nossas respostas. O nosso objetivo era o de relembrar a dádiva preciosa que é a água nas nossas vidas, de despertar a verdade do passado e trazer conscientização para o presente. Os participantes partilharam entre si histórias e a água dos seus lugares. Em cada local de paragem, deitávamos e recolhíamos água dos riachos. Todos os dias realizámos uma oração conjunta pela cura e pelo estabelecimento de novas relações com a água, com as terras e com os povos.

Parceria é um conceito inerente à visão da WW, sobretudo com as águas e com os povos que escutam atentamente a voz interior da Terra. Quando Gigi Coyle se juntou a Kate, começaram por pedir à tribo dos índios Paiute de Big Pine e às restantes tribos que encontraram ao longo do percurso, permissão e orientação para percorrer ditos terrenos. A partilha de conhecimento, sentimentos e experiência, construindo um laço de cooperação muito forte, foi simultaneamente um desafio e uma dádiva. Ao fim de um ano, Alan Bacock, o coordenador hidrológico da tribo dos índios Paiute de Big Pine, juntou-se ao núcleo duro da equipa e Orland Bishop, diretor do ShadeTree Multicultural Center em Los Angeles, juntou-se em 2017. Ao longo do caminho, idosos e alguns jovens deslocaram-se desde as suas tribos e partilharam as suas músicas, orações e sabedoria; os criadores de gado sentaram-se à mesa com ambientalistas; activistas da água e de justiça social de dife-

'E se mais e mais pessoas de todo o mundo protegessem a água... poderia ser uma revolução que nos ajudasse a salvar a Terra!'

Gigi Coyle

rentes países reuniram-se; cientistas, educadores, líderes de comunidades como Tamera, Weaving Earth, TreePeople, Alethia e The Ojai Foundation, só para mencionar alguns, juntaram-se em alguns eventos. Alguns oficiais eleitos – até do Departamento da Água e da Energia de Los Angeles – juntaram-se ao círculo e escutaram com atenção as várias opiniões.

A WW encontra-se disponível para apoiar e testemunhar a favor dos que protegem a água em Payahuunadu, na cidade de Los Angeles, em Standing Rock – cujos acontecimentos ocorreram durante o nosso segundo ano –, nos trabalhos de recuperação dos rios na Índia, e em Tamera - pelo impacto profundamente inspirador das Paisagens de Retenção de Água.

O impacto de todos estes projetos, visível e não visível, tal como o da oração, tem marcado todos os caminhantes e restantes pessoas com quem nos cruzámos. As histórias que agora partilhamos, as ações que agora tomamos são parte integrante de um muito necessário processo de cura do nosso mundo. A Walking Water é seguramente uma peça ativa de um movimento poderoso comprometido na cura de todas as relações. Continuamos atentos ao trabalho que nos compete fazer, inspirando peregrinações em bacias hidrográficas locais, partilhando as nossas aprendizagens e apoiando e acarinhando os protetores da água deste nosso planeta azul.

Encontro com o Fogo

Miguel Humblet, Bélgica/Portugal

Durante a tarde de 17 de Junho de 2017, quatro fogos deflagraram no centro de Portugal quase simultaneamente. Pelo menos 66 vítimas mortais e 204 feridos resultaram destes. Uma intensa onda de calor alastrou sobre o país, com os termómetros a marcarem mais de 40°C (104°F) em várias regiões. Foi noticiado que trovoada seca pode ter estado na origem de ditos fogos.

Quando abri a porta naquele dramático dia em Junho de 2017, vi os fogos a aproximarem-se da nossa propriedade vindos de três direções diferentes. O meu coração parou naquele momento. Olhava para as chamas, cada vez mais visíveis no topo dos montes circundantes, estupefacto. Num instante, o fogo avançou 50 metros pela encosta e, naquele momento, o tempo parece que parou. Senti-me ligado àquilo que chamo de 'conhecimento momentâneo': o fogo estava à procura de oxigénio como se necessitasse de respirar. Consegui ver a essência e a alma do fogo. Naquele instante, fiquei impávido. Corri de volta para casa, reuni a família, os 15 participantes da aula de yoga que estava a decorrer e o nosso cão. Uma senhora estava fora de si ao relembrar-se de uma situação semelhante pela qual passara uns tempos antes; as restantes pessoas apressaram-se a apoiá-la e a acalmá-la. Procurámos os nossos dois gatos, mas não os víamos em lado nenhum. Tivemos de os deixar para trás, assim como todos os pertences. Apressámo-nos em direção aos carros e partimos, conduzindo rumo à única direção possível. O fumo e a poeira estavam por todo o lado e dificultaram a visão da estrada. Conduzimos até à aldeia mais próxima, mas por não nos sentirmos suficientemente seguros, decidimos continuar. Quando, por fim, chegámos ao hotel de uma pequena cidade, reparei que me tinha esquecido da carteira e do meu cartão de crédito em casa, e que a havia deixado aberta.

Regressámos após dois dias e ficámos incrédulos ao ver que a nossa casa e o nosso jardim estavam cobertos de cinzas, mas intactos - uma pequena ilha verde rodeada por quilómetros quadrados de destruição. Os gatos ali estavam, vivos e cobertos de poeira. A carteira estava no mesmo sítio. As yurts e a casa na árvore recentemente construída foram consumidas pelas chamas, no entanto alguns objetos e lugares sagrados como o nosso altar estavam intactos. Parece que o fogo poupou conscientemente estes objetos e locais. Em retrospetiva, aquele encontro com o fogo foi uma grande lição para mim, um momento de transformação e de iniciação a partir do qual pude começar a perceber e a contactar com a consciência dos elementos e dos seres da natureza. Para mim, o fogo não veio apenas como uma força de destruição, mas sobretudo como uma fonte de purificação e limpeza interior; serviu de chamada de atenção para vermos a vida com outros olhos, estando conscientes da destruição que nós humanos causamos na natureza, para que mudemos a nossa interação com ela. Cerca de 9% da área terrestre total de Portugal está coberta por monoculturas de eucaliptos. Apesar da população chamar a estas áreas de 'floresta', na verdade parece mais um cemitério do que uma área natural ou com vida.

Este evento também me permitiu expandir a minha consciência além das minhas próprias barreiras, passando a focar-me na unificação e na colaboração com as pessoas e todos os seres da região, assim como na cura da Terra e da sociedade. Começámos igualmente a colaborar com o projeto 'Reflorestar Portugal' e iniciámos um projeto de reflorestação com a autarquia de Castanheira de Pera.

Miguel Humblet é arquiteto e fundador do centro de retiros Gravito - Healing Retreat Centre, situado perto de Pedrógão Grande, Portugal

Reflorestação em Portugal
Curar as Relações Sagradas

Laura Williams e Raquel Perdigão Williams, Grã-Bretanha/Portugal

Laura Williams e Raquel Perdigão Williams vivem na Serra do Açor, no centro de Portugal. Elas são vizinhas, cunhadas e partilham de um amor profundo e de um compromisso para defender a Natureza. São igualmente cofundadoras do Awakened Life Project (projeto Vida Desperta), dedicado à questão de como incorporarmos a verdade da União na nossa vida diária.

Laura é também fundadora do Awakened Forest Project (projeto Floresta Desperta), dedicado à regeneração dos ecossistemas locais através da reconexão com a Natureza num contexto de libertação espiritual. E Raquel é a fundadora do Awakened Body (Corpo Desperto), o qual nasceu da paixão e da inspiração de viver de um modo completo e profundo, onde o corpo físico é a sua verdadeira expressão.

Portugal é um dos países da Europa com maior diversidade de paisagens e espécies. Há milhares de anos atrás, tal como na maioria dos países europeus, os solos eram maioritariamente ocupados por florestas naturais e os povos viviam com reverência e respeito pela natureza e todos os seres.

Atualmente a realidade é bem diferente, com diversos fogos a atormentarem a vida dos habitantes dos meios rurais a cada Verão que passa. Nos anos de maior seca, os fogos têm atingido intensidades e magnitudes devastadoras, provocando várias perdas a nível de vidas animais e humanas, habitats, infraestruturas, comunidades e meios de subsistência. Entre Junho e Outubro de 2017, os fogos destruíram mais de 500,000 hectares, tirando a vida a mais de 120 pessoas e a um número incalculável de animais, e deixando centenas sem teto.

No interior do país, centenas de milhares de hectares contíguos de monoculturas de eucaliptos e pinheiros-bravos foram substituindo as florestas naturais e as paisagens em mosaico resistentes à propagação de fogos criadas. No sul do país, o ecossistema do montado (um ecossistema de savana existente no sul da península Ibérica de montado de sobro) tem sido severamente afetado pelo sobrepastoreio e pela agricultura insustentável, muito diferente da paisagem resiliente de séculos anteriores. A reverência e o respeito pelos solos e pela natureza foram perdidos para o domínio e para a ambição desmedida de rentabilidade económica. Nas últimas décadas, as pessoas têm abandonado os meios rurais para passarem a viver no litoral e nas cidades pela segurança económica que lhes é prometida. Políticas sociais tais como o encerramento de escolas públicas e de centros de saúde engrandecem este fenómeno, deixando as regiões do interior despovoadas e com menos produções agrícolas.

A perda da vegetação natural interrompeu os ciclos da água locais, já que a água não pode mais ser absorvida pelos solos áridos que estão cobertos pelas agulhas dos pinheiros-bravos e das finas folhas ceráceas dos eucaliptos. Por outro lado, ditas árvores germinam em terrenos áridos, pelo que crescem e propagam-se rapidamente nestas condições — ideal para a indústria da celulose. Ao absorverem todos os fluídos dos solos, impedem que outras culturas ali cresçam, pelo que podemos afirmar que estas monoculturas estão, literalmente, a secar o interior do nosso país. Com a aridez das terras, o calor outrora absorvido pelo solo é refletido, aumentando consequentemente as temperaturas e afetando a periodicidade das chuvas na região.

O ecossistema mediterrânico que encontramos em Portugal está preparado para responder a fogos periódicos de baixa intensidade. A interrupção dos ciclos de água locais desregula o equilíbrio entre fogo e água, levando às consequências que já conhecemos. As condições que encontramos são então propícias ao deflagrar descontrolado de fogos como os de 2017 — terrenos áridos vastos e com monoculturas de árvores inflamáveis, sem estrutura de prevenção.

Face às circunstâncias, as soluções são politicamente complexas e de difícil resolução prática. As plantações de eucaliptos, que são exploradas pelas grandes empresas, estão protegidas economicamente e judicialmente por outras instituições, enquanto as monoculturas de pinheiros-bravos se instalaram sobretudo em terrenos abandonados ou de propriedade desconhecida.

Mas estamos a crescer. Reflorestar Portugal e Projeto Floresta Despertar são duas do crescente grupo de associações e grupos que têm procurado encontrar soluções para esta crise, e há bem mais.

Reflorestar Portugal foi fundado por Susana Guimarães e Marina Zimmerman como um movimento popular para difundir soluções através de alternativas educativas positivas. O projeto apoia comunidades, proprietários e comerciantes locais, e agências públicas como forma de resposta à falta de gestão dos terrenos rurais em Portugal.

Juntamente com o restaurar das florestas nativas, o projeto Reflorestar Portugal acredita na importância da repovoação da região para o efetivizar da regeneração das florestas. Na sua base está uma reconexão sagrada com o planeta, valorizando aqueles que trabalham as terras e criando plataformas coletivas que possam gerar um ciclo económico e de apoio social prósperos, bem como a implementação de técnicas de cultivo de alimento na floresta que permitam o alimentar da população e outras fontes de rendimento para estas pessoas — os guardiões da nossa floresta.

Eu fundei o projeto Floresta Despertar depois de ter tido uma visão onde vivia na Serra do Açor e novamente rodeada de uma floresta vibrante e diversificada. Foi como uma dádiva da Mãe Terra, aquela que tem o poder de dar vida. Em Outubro de 2017, toda a nossa região ficou reduzida a cinzas. Mas, apesar das nossas encostas estarem repletas de árvores queimadas e de terreno árido, eu sinto a força, a dignidade e a paciência das montanhas. Não são os solos que precisam de ser salvos; somos nós. Apesar da importância da reflorestação em curso, esta é evidentemente secundária à cura da relação sagrada entre as populações e a Mãe Terra. A deterioração desta relação sagrada advém das falsas crenças de que vivemos separados da natureza, uns dos outros e de tudo.

Assim que refutarmos esta ideia de separação, toda a vontade de destruir, possuir e dominar desaparece. Poderemos então escutar a verdade e a sabedoria que a Mãe Terra, as águas, as pedras e as florestas têm para partilhar connosco, contactar com os solos e com a floresta, e estarmos ao serviço da vida.

Se continuarmos a não ser capazes de admitir a nossa recusa em ser parte ativa desta unicidade, então continuaremos a atuar como consumidores e a entender a natureza como mera produtora. De pouco serve criar sistemas mais 'sustentáveis' se continuarmos desligados desta realidade, pois muito possivelmente intensificaremos a sua exploração com o tempo.

Raquel Perdigão Williams expressa tal ideia brilhantemente a partir de uma canção tradicional portuguesa:

'Ó que lindo luar está,
Para apanhar uma marcela.
Apanha, menina apanha,
Faremos a cama nela'

Canções populares referentes à natureza são típicas em Portugal e relatam a relação única e íntima entre o povo e a natureza. Devido à sua incompreensão, estas canções, orações, receitas e sabedoria ancestral têm sido esquecidas ao longo das épocas.

É crucial trazê-las de volta, não só porque representam a alma Portuguesa, mas sobretudo porque relembram a todos que não há separação entre os seres humanos, a Natureza e os seus elementos. Quando tal ilusão se dissipa, sente-se a magia de descobrir a verdade de quem somos e de pertencermos a algo tão poderoso e mágico.

Por simplesmente olharmos, sentirmos e escutarmos o mundo à nossa volta, com calma e atenção, um sentimento de confiança entre o ser humano e os animais, as plantas, os solos, as pedras, os minerais e os seres invisíveis cresce. É nesta confiança que reside a verdade, sem medos ou expectativas.

A floresta e todos os elementos nela presentes alimentam o mais íntimo do nosso ser e são peças fundamentais na nossa evolução enquanto indivíduos e membros da sociedade. A confiança nesta relação e a aceitação da unicidade com a natureza e todos os seres revelarão uma paz interior profundamente prazerosa que jaz adormecida dentro de nós. Como seria o mundo se o respeito fosse constante?

Como seria o mundo se todos venerássemos o sagrado presente na floresta, sabendo igualmente que somos parte integrante dele?

Como seria o mundo se todos partilhássemos da ternura, da força, da coragem, do amor, da luz e da rendição perante o sagrado presente não só na floresta, mas também no mais íntimo de nós?

Como seria o mundo se trouxéssemos de volta as canções populares que os nossos antepassados cantavam, com simplicidade e paixão, antes de iniciarem os seus dias na floresta?

Por agora, enquanto divago por estas contemplações, desejo uma noite de lua cheia e que possa encontrar um campo de marcelas e depois deitar-me junto a elas.

Temos Dois Caminhos: Ou a Viabilidade ou o Colapso Anunciado

João Camargo, Portugal - Escrito gentilmente fornecido por Uwe Heitkamp, © www.eco123.info

Como surgiu o livro *Portugal em Chamas?*

O tema sempre me fez alguma confusão, em particular em Portugal. Diante da enorme área existente, havia pouquíssima reflexão nos anos 80, parte dos anos 90. A contestação desapareceu inversamente à expansão incrível da área de eucaliptal e ao abandono cada vez mais evidente do interior do país e das zonas rurais. Em Moçambique também me apareceu muito isto, áreas massivas, abate de floresta nativa para introdução de eucaliptal.

Eram empresas suecas, na altura. Agora sei que também lá estão a Portucel Moçambique, que faz parte do grupo Navigator. Quando voltei para trabalhar na LPN, comecei a escrever sobre o tema. Entretanto, em 2012, saiu a Lei de Assunção Cristas. Fui uma das pessoas que ajudou a montar a campanha para tentar revogar a lei da liberalização da plantação de eucalipto em áreas inferiores a dois hectares. E quando comecei a escrever publicamente sobre o tema, fui atacadíssimo, muito acima daquilo que esperava.

Por parte de quem?

De várias pessoas, muitas delas ligadas ao setor... ataques anónimos. Percebi que era muito mais forte aquilo que eu julgava. Era muito estruturado, planeado. Olhando em retrospetiva, estava a ser muito ingénuo ao considerar apenas devido à inércia ter o país com a maior área de eucalipto do mundo. Quando escrevi isto num artigo, em 2012, reparei que nunca o tinha lido em lado algum.

Um milhão de hectares, 12 por cento do território nacional

Depois, fui entrando nos problemas existentes, nomeadamente no grave problema do abandono, na perda do rendimento da floresta e dos produtos florestais. Fui conhecendo várias pessoas que partilhavam da mesma opinião. Foi com uma delas, Paulo Pimenta de Castro, que escrevi o livro *Portugal em Chamas*. É um homem que veio de um sector muito mais à direita, mas, nesta análise, convergíamos totalmente em como chegamos aqui, como a gigantesca dimensão do problema nos coloca um desafio para o futuro.

Qual a posição que tem em relação ao elemento fogo?

O fogo no Mediterrâneo é um elemento natural, não existe a possibilidade de acabar com os incêndios, obviamente.

O fogo ou o incêndio? Estou a falar sobre o elemento.

É um elemento que está presente desde que a Terra existe, e se acontecer com determinada dimensão, tem um papel e até um fator regenerador dos ecossistemas, podendo acabar com a biomassa, a biodiversidade disponível. Mas todos temos uma influência muito grande na dimensão que o fogo ocupa dentro de um ecossistema, de um território, de uma população. Uma coisa são pequenos incêndios de pequenas consequências; outra são as monstruosidades que acontecem cada vez mais, de milhares de hectares a arder ininterruptamente. A partir de determinada altura não há obstáculo, bombeiros ou meio de combate possível. Manchas ininterruptas de espécies altamente combustíveis acabam por beneficiar a frequência dos incêndios. Quando criamos essas condições, associamos isso a fatores favoráveis de escala global à ocorrência de incêndios, nomeadamente a um aumento de temperatura e redução da humidade. Estamos a criar um inferno!

Que alternativas existem?

Aquilo que tentamos desenhar como alternativa é introduzir primeiro racionalidade no território, quase inexistente. Foi criada uma situação de expansão de eucaliptos principalmente através de plantação. Não falamos só de uma expansão invasora, o principal incentivador foram as pessoas e o setor das celuloses. Foram estrangulando toda a economia rural para aquele produto. O que é introduzir racionalidade? Temos um território muito variado; a cada 100 quilómetros, para cima ou para baixo, mudam antes as condições climáticas, as espécies predominantes, a topografia.

Do Algarve ao Minho parecia que estávamos quase a sair de Marrocos e a entrar no Norte da Alemanha. O que temos, e o que fomos encontrar, são mapas de adaptação bioclimática do território.

O Instituto Superior de Agronomia (Departamento de Arquitetura Paisagística) tem um trabalho incrível, realizado por Manuela Raposo Guimarães, que nos diz que espécies, florestais e até agrícolas, fazem sentido em determinado território, mas com uma malha muito curta; não diria num metro quadrado, mas quase. Diz-nos que espécies fazem sentido numa encosta, articulando as características das espécies com as condições do solo, insolação, humidade geral e temperatura. É bastante simples. Tentamos acrescentar a isto a questão das alterações climáticas. Hoje fazem sentido determinadas misturas de espécies. Devemos esquecer a ideia de ter monoculturas, porque é totalmente absurdo tentar pegar num território tão diverso e achar que a mesma espécie funciona em toda a parte.

Mas no futuro que espécies farão sentido? Quais as que fazem sentido hoje, quais as que farão sentido com mais 1 ou 2 graus, com menos precipitação? É preciso preparar o território para o futuro em termos de alterações climáticas, dando prioridade, obviamente, a espécies autóctones, menos propensas a incêndios e mais resistentes à seca. Quando não existam autóctones, procurar espécies próximas do nosso bioma, tanto mais continentais como mediterrânicas, porque o avanço do Saara para Norte fará com que o clima mais desértico avance para cima.

Podemos pensar já hoje em espécies que não existem em Portugal, mas existem em Marrocos, que podem - e devem - ser testadas a uma escala pequena, experimental, obviamente: arganas, sedas-do-atlas, pinheiros da Calabria, pinheiros de Alepo. Temos de reproduzir a abundância que andamos a combater nas últimas décadas, ao expandir pinheiro e eucalipto em escala massiva. Isto tudo implica ter pessoas no interior do país, no mundo rural, porque repensar o território não é só fazer dinheiro rapidamente, é viabilizar o território. É garantir que, com mais dois, três graus, Portugal continue a ser um país viável. Não estou a dizer financeira ou economicamente; isso são tudo construções humanas, mas viável nos recursos: água, produção alimentar.

Infelizmente, a simplificação que decorre das alterações climáticas fará com que a nossa enorme complexidade económica tenha de se simplificar. Ou nos preparamos (e esse processo pode até beneficiar a sociedade, a vida coletiva) ou não, e aí sofreremos um choque tremendo que fará com que os processos de austeridade dos últimos anos pareçam uma brincadeira. Temos dois caminhos: ou a viabilidade ou o colapso anunciado.

No nosso dia-a-dia existe tempo para refletir sobre estes dois caminhos?

Tem que haver.

Cada incêndio faz cada habitante mais pobre. Que consequências terá a saída de cada família do campo para a cidade? Como podemos travar este êxodo? Como motivar jovens a regressar à terra para trabalhar com biodiversidade?

Existe um pequeno movimento de regresso ao natural. Mas é necessário um crescimento em escala. E, para crescer em escala, é preci-so ter um plano. O livro tenta dar algumas pistas para pensar esse plano, a aptidão dos territórios, a racionalidade. Depois, é preciso reverter muito do que foi desmantelado nos últimos anos, porque o fenómeno do êxodo rural não é uma questão exclusiva de Portugal, aconteceu em todo o mundo e respondeu a uma série de incentivos: a atratividade das cidades, a falta de investimento no interior. Em Portugal, concretamente, o desmantelamento da rede de serviços públicos, hospitais, justiça, escolas... São fatores que desincentivam as pessoas. Não existe um movimento contra cíclico a este êxodo rural que não seja fruto de um grande investimento, de um grande plano para voltar a espalhar a população pelo território.

Esse plano de racionalização do território é extremamente benéfico também para o Litoral e para as grandes cidades. Porque esta não existe sem a água, que depende totalmente do interior. A produção alimentar terá de ser crescentemente de origem nacional ou local, até porque os grandes sistemas de distribuição e comércio internacional de alimentos têm enormes tensões e essas irão sofrer crescentes agravamentos. Portanto, Portugal foi, por uma série de incentivos externos, diminuindo a sua produção alimentar e hoje é absolutamente residual. É autosuficiente em três ou quatro produtos e nenhum deles é de consumo direto, são azeites, óleos... A produção alimentar vai depender muito mais do interior e a água, obviamente.

Se não fizermos nada qual é a perspetiva que teremos?

Eu diria que em 20, 30 anos, se a temperatura continuar a aumentar ao ritmo que está, até ao Tejo o nível de desertificação vai tornar-se muito, muito elevado.

Ou seja, Portugal será inabitável?

Inabitável não.

Mas com muito mais stress.

Sim, e com muito menos gente. Há pessoas que vivem no Saara. Mas digamos que é uma densidade populacional muito baixa e um estilo de vida muito duro. Mesmo nos piores cenários existem grandes faixas habitáveis. Nos territórios nacionais, e principalmente internacionais, a pressão habitacional é muito maior – muito mais gente em muito menos espaço e com muito maior necessidade de consumo de recursos. Essas são as condições perfeitas para toda a espécie de barbáries. A Natureza empurra-nos, aperta-nos e depois nós apertamo-nos uns com os outros.

Um êxodo para o Norte?

Sim, caminhos para Norte, sendo que nós caminhamos para o Centro e Norte da Europa. Naturalmente, os povos do Norte de África caminham para aqui, portanto a pressão é total. Mas incluir as pessoas nesse plano de adaptação pode revitalizar o país.

O que podemos fazer no dia-a-dia para diminuir as alterações climáticas?

Tento sempre tirar o ónus da ação individual, embora a considere obviamente importante, à exceção do uso do avião, por exemplo. Temos de ter um movimento de pressão política, que deverá ser à escala internacional, para fazer duas coisas, simultaneamente...

... Cenoura ou pau? O burro só se motiva com uma cenoura.

Saiu agora o atual relatório do plano intergovernamental para as alterações climáticas (IPCC). Este diz-nos uma coisa que é fortíssima e que já deveria ter sido dita há mais tempo: para conseguirmos manter o aumento da temperatura abaixo de um grau e meio temos de cortar cinquenta por cento da emissão dos gases de efeito de estufa até 2030. São 12 anos. Isso significa não só não haver novas explorações de gás, petróleo e carvão, mas também cortar produções que existem hoje; significa uma revolução energética radicalíssima. E, infelizmente, um relatório com aquela dimensão, com aquela preponderância, é pouco atrativo na sociedade civil. A sociedade civil precisa mudar os transportes, a energia, mas também a forma como se faz agricultura, como se vive no mundo rural, na floresta ...

Portanto, essa pressão é importantíssima. Ao nível dos comportamentos individuais todos sabemos como agir.

... ou fazer diferente...

Ou fazer diferente. Transportes, políticas públicas... As políticas públicas são externas às pessoas. É assim que se deve interpretar o Estado, não como apenas como um leviatã longe de cada um de nós, mas como algo de que nos podemos apropriar.

Menos fogo.

Menos fogo, também, claro.

Não arder petróleo, carvão, não arder gás.

Exato.

Esses três.

E não arder floresta também, se for possível. Há uma tendência para que arda cada vez mais, por isso sabemos que podemos ter uma floresta muito menos combustível e muito menos ininterrupta que permita, embora com grandes áreas, que um incêndio seja muito mais controlável. Isto, conscientes de que há condições, como as que aconteceram aqui em outubro de 2017, muito difíceis de controlar. As grandes áreas de eucaliptal e pinhal arderam incontrolavelmente, mas há áreas muito mais bio diversas, por exemplo a Mata da Margaraça, perto de Arganil, só ardeu no exterior. A diversidade de espécies e a enorme complementaridade, com complexidades diferentes, desacelera o fogo, baixa a sua altura, salvando o interior da floresta.

Há muitos sinais que mostram que a diversidade funciona muito melhor no combate aos incêndios e que, portanto, uma floresta bio diversa oferece-nos muito mais coisas - além de muito mais bem-estar: mais serviços para a água, mais produtos (frutos, cogumelos, bagas, raízes, madeira) - do que uma floresta pensada como se fosse uma fábrica. Isto, porque a Natureza, apesar de nos dar tanta coisa.

Muito obrigado.

João Camargo (Lisboa, 1983) é licenciado em Engenharia Zootécnica e mestre em Engenharia do Ambiente e Produção Animal (Instituto Superior de Agronomia e Faculdade de Medicina Veterinária, Universidade de Lisboa). Foi jornalista, professor de Química e Botânica na Universidade Lúrio (Moçambique) e técnico da Liga para a Proteção da Natureza. É ativista do movimento Climáximo, investigador do Instituto de Ciências Sociais da Universidade de Lisboa, no doutoramento em Alterações Climáticas e Políticas de Desenvolvimento Sustentável, e autor dos livros Que Se Lixe a Troika (2013) e Manual de Combate às Alterações Climáticas (2018).

O Montado: Uma Forma Diferente de Viver da Terra

Reportagem de Leila Dregger

Planícies desertas até onde o olhar chega, sem água nem sombra. Muito raramente uma árvore única ou o vazio. Companhias de turismo usam imagens desta paisagem icónica para tornar o Alentejo apetecível para os turistas. No entanto, é difícil de viver e de ganhar a vida em tão pobre panorama. Ruínas e quintas abandonadas por toda a região evidenciam a morte maciça das pequenas propriedades dos aldeãos.

Talvez a natureza tenha um sonho diferente para o Alentejo. O sonho de uma florestação selvagem e desenvolvida, de rios, lagoas e uma variedade de plantas e animais, de abundância e fertilidade. O filósofo e geógrafo grego Strabo (nascido a 64 a.C) afirmou: 'Um esquilo pode atravessar a península ibérica sem tocar o solo.' Os antigos habitantes do meio rural utilizavam e cultivavam variados frutos do bosque, desenvolvendo o 'montado': cultivo de pequena escala e sustentável com criação de pecuária na sombra de uma floresta livre e frequentemente mista. Protegido do sol abrasador e absorvendo a água da chuva durante o Inverno, o solo produzia quase tudo para que humanos e animais vivessem de acordo com as necessidades da altura.

A construção de barragens e a industrialização conduziram a monoculturas de grande escala – de cortiça, de trigo, de plantações para celulose e de olivais irrigados -, destruindo as florestas antigas, as valas de irrigação e o equilíbrio ecológico e social. Mas hoje há novamente agricultores que reconhecem e exploram o valor do montado.

No Alto Alentejo, a norte de Montemor-o-Novo e fora das principais estradas, prosperam leves florestas de sobreiros, azinheiras, castanheiros e oliveiras. As rochas graníticas cobertas de líquen parecem ter sido espalhadas por mãos gigantes. Morangueiros, amoreiras e arbustos de ervas nativas proliferam. De tempos a tempos, podemos ver um pequeno campo de cereais ou, aqui e ali, lagos com água da chuva. Uma e outra vez atravessamos rebanhos de gado bovino, caprino e suíno, os quais descansam na berma dos caminhos ou remexem por entre os arbustos à procura de alimento. Um pequeno grupo de cavalos selvagens portugueses, Sorraia, agitam-se timidamente ao som das pessoas.

O que aparenta ser uma floresta de conto de fadas é, na verdade, uma área de produção de agricultura biológica, a herdade do Freixo do Meio. Quando o proprietário, Alfredo Sendim Cunhal, guia os visitantes pela mesma, transmite-lhes uma ideia do que o montado pode significar.

Ele explica, 'O Montado é mais do que a criação extensiva de suínos a partir de monocultura de sobreiros. O Montado é um biótopo de árvores, arbustos e plantas herbáceas, assim como de animais que nele vivem e da água que nele se armazena. O Montado significa reconhecer e beneficiar da interação dos processos naturais – água, solo, biomassa, alimento, fertilizante e processamento humano. O Montado é um ciclo que não termina na orla da floresta. Toda a herdade é parte do montado, incluindo as pessoas.

No início dos anos 90, os Cunhais receberam de volta a sua herdade, o Freixo do Meio, a qual foi expropriada enquanto cooperativa durante as reformas agrárias. A cooperativa faliu, a herdade foi deixada ao abandono e a mãe de Alfredo estava preocupada com os antigos vizinhos e empregados. Juntamente com o seu filho, o qual tinha experiência com a criação de animais, começou a reconstruir o negócio e a contratar os residentes das aldeias. Atualmente, o Freixo do Meio é a maior herdade biológica de Portugal, apesar do período menos próspero. Cada manhã às oito em ponto, Alfredo realiza um pequeno ritual matinal com os seus 16 empregados e alguns estagiários. Todos se reúnem em círculo e o trabalho é distribuído. Alfredo cumprimenta cada funcionário com um aperto de mão – um senhorio à moda antiga, mas de visões modernas.

Após o seu regresso, Alfredo enfrentou grandes desafios, os quais não poderia ter resolvido através da agricultura convencional. 'Em termos de agricultura, ditadura e socialismo utilizam a mesma estratégia: intensificação e especialização. Mas rapidamente percebi que este não era o caminho a seguir. Por um lado, as razões sociais: os aldeãos sempre encontraram trabalho no Freixo do Meio, e, apesar da revolução, senti a responsabilidade social para com eles. Se tivesse optado pela especialização, teria de os dispensar.'

A tão chamada agricultura moderna também não o convenceu em termos ecológicos. Devido aos verões quentes e secos, às fortes chuvas de inverno e à extrema lentidão na formação do solo por causa da camada rochosa granítica da região, o panorama era, no mínimo, desafiante. Eram escassos os cultivos que aqui se produziam e que traziam lucro, e só derivado do uso intensivo de químicos. Qual seria a alternativa?

'Os anciãos disseram-me que, na sua infância, eles produziam tudo o que precisavam para viver – vários tipos de cereais e vegetais, fruta, mel, madeira, lacticínios, carne, cogumelos, couro, lã, argila – para a construção de casas e cerâmica –, assim como cortiça para venda. Apenas o sal e o ferro tinham de ser importados para a região.' Como era isso possível debaixo de tão precárias condições? 'No montado, o solo está sempre coberto. A vegetação variável ao longo do ano armazena a humidade, e através da decomposição vigorosa de biomassa, temos uma estruturação do solo apropriada.' Atualmente, Alfredo está convencido que o montado é a única forma de negócio sustentável na região, capaz de produzir tudo o que é necessário, até em tempos de crise.

Contrastando com as propriedades vizinhas, Alfredo recebeu a sua herdade de volta e manteve as florestas de carvalho e as culturas olivícolas existentes, e plantou uma variedade de novas árvores. Tal como em tempos passados, ele integra nela a criação de gado bovino, caprino e suíno.

Ele inclui igualmente estufas para vegetais no seu conceito de montado, 'porque estes são fertilizados com os excrementos dos animais, os quais encontram o seu alimento na floresta.'

Durante a nossa visita à herdade vimos diferentes sinergias: ramos que restaram da limpeza dos olivais são atirados para os campos onde os vegetais foram colhidos. As cabras alimentam-se deles e os seus excrementos fertilizam os campos. Parte dos cereais semeados na floresta são comidos pelos suínos locais, os quais abrem os solos e preparam-nos para os próximos cultivos.

Todos os resíduos orgânicos são, logicamente, transformados em composto e usados como alimento para o solo. Até os resíduos da azeitona no lagar – normalmente um verdadeiro problema – são fermentados e dados aos suínos, os quais são um alimento altamente energético.

Alfredo explica, 'Tais sinergias só podem ser exploradas por um agricultor que rege as suas operações pela natureza e não pelos conceitos de especialização e intensificação.' Com cada nova sinergia, novas áreas de negócio surgiram e tal permitiu desenvolver uma herdade altamente diversificada.

O Freixo do Meio oferece aproximadamente 300 produtos diferentes, em reduzidas quantidades cada um. A técnica de colheita é recordativa das culturas coletoras do passado. Aqui temos duas caixas de couve, alguns sacos de tomates secos e algumas ervas aromáticas. Como podemos vender isto e fazer lucro?

'Economicamente, tem sido muito difícil há vários anos', admite Alfredo. 'O mercado e a indústria alimentar estão orientados para a produção em grandes quantidades. Tudo circula por e se centraliza em Lisboa, os mercados locais estão fechados. O processamento de plantas a nível regional está igualmente num declínio gradual e o nosso volume de produção não é suficiente para processamento industrial. Pelo facto das aldeias em nosso redor também apresentarem mercados complicados, tivemos de processar e vender os nossos produtos nós mesmos.'

Enquanto a natureza aprova o modelo financeiro de Alfredo, o sucesso económico demorou um pouco mais a manifestar-se. O mercado de alimentos biológicos em Portugal ainda é pequeno e a maioria dos produtos são importados de produtores certificados e de grandes dimensões da Alemanha, França e até da China. Durante muito tempo, Alfredo teve de vender os seus produtos biológicos – carne, vinho, cereais, vegetais e ervas – sob a designação de produtos convencionais, a qual trouxe perda de rentabilidade. A família não podia tolerar tal ocorrência para sempre e a necessidade de conseguir lucro criou um conflito entre os irmãos. Ao fim de contas, a herdade originalmente com 2000 hectares foi dividida, sendo que Alfredo é proprietário de somente 400 hectares. As perspetivas de sobreviver à crise e à redução de pessoal não eram animadoras. Muitos outros agricultores, perante uma situação semelhante, teriam desistido – adaptando ou abandonando os seus terrenos. Na mente de Alfredo, os agricultores que cooperam com a natureza estão a trabalhar contra o sistema.

'A descrição do trabalho de um agricultor é muito redutora. Um verdadeiro agricultor faz muito mais que produzir os seus produ-

> *'Um agricultor do futuro faz muito mais do que produzir alimentos – ele preserva e cuida da paisagem, do solo, da água e das sementes.'*
>
> *Alfredo Cunhal*

tos. Ele preserva a paisagem, o solo, a água, a semente para o futuro. Uma herdade integrada na sua região cria postos de trabalhos e instalações para processamento, e tal deve igualmente ser premiado.'

As únicas pessoas que podem salvar os agricultores são os consumidores que estão conscientes do valor da produção agrícola e estão dispostos a pagar por ele. Alfredo encontra estes consumidores conscienciosos na sua loja em Lisboa, a qual é a espinha dorsal da economia da sua empresa. Desde que o Freixo do Meio começou a comercializar toda a sua gama de produtos diretamente com os consumidores, as coisas têm corrido melhor.

Alfredo também gere por conta própria o processamento dos alimentos. 'Somos forçados a processar os nossos próprios produtos se queremos ter lucro. A minha ideia é a de recuperar gradualmente algumas funções e profissões perdidas na nossa herdade.' A sua visão é a de tornar a sua herdade numa espécie de ecovila. Artesãos, estudantes e antigos empregados abriram pequenas empresas no Freixo do Meio, alguns deles com as suas famílias. Os edifícios antigos, os quais delimitam um pátio interior em três lados, agora alojam um lagar, secadores para tomates e ervas, uma sala para produção de conservas, uma padaria, uma loja de produtos da herdade e até uma oficina tradicional para ferramentas agrícolas. As mudanças estão, gradualmente, a trazer prosperidade económica. 'Está a melhorar', admite Alfredo.

Alfredo Sendim Cunhal é conhecido em Portugal como sendo um agricultor biológico corajoso e empenhado, empreendedor e um visionário. Ele é um rebelde agrário à maneira Portuguesa – delicado e muito reservado. Sem a sua boa reputação e a sua coragem constante, dificilmente a operação teria sido bem-sucedida. Através da sua perseverança, ele forja o caminho para outros agricultores ousarem conquistar as suas visões.

*Na evolução da biosfera, um ser cresceu com a
capacidade de pensar, de reconhecer a unicidade de todo o organismo
e de iniciar o processo de cura total.
Esse ser é o ser humano.
Ele não deve subjugar a Terra, mas ajudar na restauração
da unicidade original, para que todos os seres -
humanos e não humanos - possam viver em
liberdade e com alegria.*

Dieter Duhm

COOPERAÇÃO COM TODOS OS SERES

Cooperação com Javalis na Palestina

Saad Dagher, Palestina

Saad Dagher é um embaixador da GEN (Global Ecovillage Network) na Palestina, engenheiro agrónomo e ambientalista especialista em ecologia agrícola há 25 anos. Também é instrutor de yoga, mestre de Reiki e apicultor. Dagher introduziu na Palestina o conceito de ecologia agrícola e, recentemente, abriu a sua própria quinta agroecológica (The Humanist Farm – Ma'azouza). Está igualmente empenhado na construção da primeira ecovila palestiniana - Farkha - na Cisjordânia.

O Crescente Fértil foi outrora uma região extremamente produtiva, o qual corresponde aos atuais estados da Palestina, Jordânia, Síria, Líbano, Iraque e uma fração dos estados do Irão e do Kuwait. O sistema colonial destruiu as relações sociais entre os povos, o seu contacto com a natureza e o conhecimento de como tratar dos solos corretamente. Atualmente, a vasta maioria desta área é deserta. No entanto, é latente o sonho de reconstruir o Crescente Fértil e que os diferentes povos possam voltar a viver juntos, apesar das diferenças religiosas e culturais e das circunstâncias históricas que os separa.

A problemática dos javalis na Palestina é um exemplo prático dos obstáculos que devem ser ultrapassados de modo a haver uma coexistência pacífica na região. Desde o início da década de 90, e particularmente após a Segunda Intifada – que trouxe a construção do 'Muro de Israel', de estradas, postos de controlo e de assentamentos israelitas –, que se registou um aumento do número de javalis na nossa área. Os colonos israelitas começaram a abandonar os javalis nas nossas áreas e há fotos e vídeos que o comprovam. Nunca na história da Palestina vivemos uma situação semelhante. O meu avô, o qual viveu até aos 107 anos, nunca observou um javali nos nossos territórios. Mas hoje temos um problema grave, com os javalis a destruírem os nossos terrenos e hortas.

Anteriormente tínhamos uma técnica sofisticada de cultivo de cereais, uvas, figueiras e vegetais sazonais de Verão sem necessidade de irrigação. Era deste modo que os aldeãos obtinham grande parte do seu alimento. Até exportávamos trigo para países como Jordânia, Kuwait, Arábia Saudita e outros. Mas com a chegada dos javalis, os campos foram sido destruídos. De nada serviam as cercas, porque eles as derrubavam facilmente. Nada parecia ajudar. Os produtores começaram então a caçá-los, matando-os secretamente durante a noite para não serem ouvidos pelas autoridades israelitas, que proibiam o seu acesso a armas. Depois tiveram a ideia de contaminar a água das lagoas, mas sem muito sucesso. Os javalis, sendo animais muito inteligentes, só bebem água depois de um deles a experimentar; sempre que os agricultores enchiam a lagoa, somente um deles se aproximava, e os restantes só beberiam dali se nada ocorresse ao seu companheiro. Por essa altura, o desespero tinha levado a melhor sobre os locais e a produção de cereais era praticamente nula.

Pessoalmente, nunca vi com bons olhos matar os javalis ou a maneira como o fazíamos. Enquanto seres humanos, somos inteligentes o suficiente para lidar com outros seres vivos de um modo bem mais razoável. Matá-los aparenta ser a solução mais fácil e é, certamente, a mais estúpida. Nunca tive a intenção de lutar contra animais ou plantas. Não pretendo matar deliberadamente qualquer ser, seja uma formiga ou qualquer outro inseto, não quero estar contra os animais.

E, na verdade, encontrei uma atitude semelhante à minha em Tamera. Em vez de resistirem aos javalis, tentam viver com eles pacificamente. Uma vez, juntamente com os jardineiros de Tamera, estávamos tão próximos deles que consegui tocar num. A questão destes animais destruírem o cultivo também não está inteiramente resolvida em Tamera, no entanto o modo como o assunto é abordado pelas pessoas da comunidade inspirou-me a procurar alternativas. Encontrei coragem para falar publicamente do assunto na Palestina, começando pelos habitantes da minha área.

Até então, a população defendia que os javalis não pertenciam à Palestina, que não são membros originários daquele habitat e que, portanto, nos tínhamos de livrar deles. Esta visão parecia apoiada pelos líderes religiosos e a simbologia negativa dos suínos na religião. No entanto, o Alcorão apenas faz referência à proibição de comer carne de porco, não que devemos matar os porcos ou os javalis. Porém, como forma de persuadir o povo a não comer carne de porco, os líderes religiosos formularam algumas razões para que nos mantenhamos afastados dos suínos. Afirmam que os mesmos são sujos, que os machos não protegem as fêmeas, que pelo facto de não transpirarem acumulam a sujidade no interior, que fedem e por aí em diante.

Eu afirmei que deveríamos encontrar soluções de como viver com os javalis em vez de os matarmos. Os animais estão aqui. Não podemos simplesmente expulsá-los. Aliás, quando os animais se sentem ameaçados, normalmente reproduzem mais. Esta é a natureza da Natureza.

Foi então que inventei uma solução provisória. Na Palestina temos um problema igualmente grave com a eliminação de pneus velhos, pelo que me lembrei de construir cercas com isso. Juntei alguns pneus com fio, coloquei as cercas e funcionou! Os javalis respeitaram-nas. Desde então mais locais tentaram este método e o sucesso foi grande. Esta foi uma solução alternativa à velha crença da necessidade de barreiras materiais. No entanto, estava claro que os javalis podiam facilmente derrubar as mesmas.

Mais tarde deixei uma pequena abertura na cerca para que os javalis pudessem entrar numa área da minha horta. Lembro-me de dizer aos agricultores, 'Os javalis são seres vivos e, tal como nós, também têm fome e necessidade de se alimentar'. Criei um caminho que os conduzia a uma amoreira, por ser um fruto que apreciam e que necessitam. Até podiam facilmente irromper pela minha horta, mas colaboraram comigo. Eu dei-lhes amoras e eles respeitaram a minha horta!

Contrariamente aos animais, que se adaptam rapidamente a uma solução amigável, os seres humanos não conseguem mudar os seus hábitos tão facilmente. A campanha religiosa contra os suínos continua. Mas pelo Alcorão apenas nos dizer que não devemos comer carne de porco, uma vez interroguei um líder religioso: 'Talvez Allah não quer que comamos carne de porco para protegermos o animal. Alguma vez pensou nisso?'

UMA COMUNIDADE PLANETÁRIA DE SOLIDARIEDADE E COMPAIXÃO

O Que é Sagrado?

*Um mundo no qual as pessoas praticam a solidariedade e cuidam
umas das outras, mesmo em tempos de necessidade:
isto faz parte do sagrado.
Um mundo no qual as crianças podem confiar totalmente
nos adultos:
isto faz parte do sagrado.
Um mundo no qual o interesse sexual de uma pessoa noutra não
origina sentimentos de medo, ciúme ou ódio numa terceira:
isto faz parte do sagrado.
Um mundo no qual os animais se aproximam dos humanos porque
lhes damos as boas-vindas e eles já não precisam de nos temer:
isto faz parte do sagrado.
Um mundo no qual percebemos e cuidamos das terras e das águas
como organismos vivos: isto faz parte do sagrado.
Quando um salvador estende a mão a um refugiado que se está a
afogar,
isso faz parte do sagrado.
E quando alguém reza por um doente terminal, e este se cura, o sagrado presenteou-nos com mais um dos seus inúmeros milagres.*

*Não temos necessariamente de o chamar "Deus", o sagrado não pre-
cisa de nome. É a força interior que nos une a todos e que nos liga
eternamente com todos os seres vivos.*

Dieter Duhm

Unindo os Visionários

Benjamin von Mendelssohn, Alemanha/Portugal

Eu adoro o conceito de 'comunidade planetária' pois a palavra 'planetária' refere-se à Terra como um corpo celeste. Criar uma consciência planetária é entender que nós, enquanto seres humanos, somos parte da biosfera, parte do organismo vivo da Terra. No seu sentido original, 'comunidade' refere-se a uma qualidade e não apenas a um grupo de indivíduos. Comunidades são como organismos, da mesma maneira que uma floresta é uma entidade e não a simples coleção de árvores. Comunidade é a reunião de pessoas num espírito indestrutível de solidariedade. Ela é criada em torno de grandes objetivos. Dentro da comunidade, nasce uma forte compaixão pelo grupo.

Sabemos que o trabalho não poderá ser concretizado pelo mero esforço individual de cada um, mas somente através da cooperação com os outros. Falar é fácil. Esta comunidade planetária junta influentes visionários.

E como podem eles entender a ideia do 'Buddha comunitário' que Thich Nhat Hanh referiu? Estas pessoas têm em mãos um tesouro para a humanidade, mas frequentemente só partilham o facto de não serem ouvidos. Aqueles que foram atacados e julgados fecham-se dentro de si mesmos para se protegerem. E agora, de repente, encontram-se reunidos e têm de aprender a trabalhar juntos; perceber que o que os outros têm a dizer é, possivelmente, tão importante quanto aquilo que eles mesmos têm a partilhar. São necessários altos níveis de energia para tornar esta colaboração possível.

> *'Para ser mais, é preciso unir sempre mais.'*
>
> *Teilhard de Chardin*

Foi-me atribuído o papel de moderador durante o encontro 'Defender o Sagrado'. Um bom moderador tem a tarefa de direcionar e gerir as energias individuais dos presentes, de tal forma que uma maior união é gerada no seio do grupo. Ele ou ela fomenta uma aura de comunalidade, não por dominar, mas ao adicionar e ao despertar algo nos momentos certos. Se o trabalho de reunir diferentes tradições, culturas ou religiões numa conversa conjunta for bem-sucedido, é iniciado um processo de cura no seio do grupo. É um dos meus objetivos de vida tornar-me num bom moderador e, com isso, ajudar a que tão inspiradores visionários trabalhem em conjunto para o bem de todos.

Dentro da comunidade planetária, aqueles que se dedicam ao trabalho pelo todo reconhecem o trabalho dos demais, e nasce uma admiração e um amor desde esse reconhecimento. Essa é uma experiência profunda. Existem pessoas no mundo que admiro e por quem nutro amor, não por simpatia, mas por trabalharem arduamente em prol da vida. É esta qualidade de amor que traz coesão a esta comunidade planetária.

Pessoalmente, a ideia de comunidade planetária é, por um lado, uma visão que tenho ancorada na minha alma e, por outro, um conceito sistémico. Movimentos políticos foram, desde sempre, contaminados pelo princípio maquiavélico de 'dividir para conquistar'. Todos eles, sem exceção. Hoje precisamos de movimentos e grupos que não mais podem estar uns contra os outros. Quando um movimento nascer em torno de comunidades como estas, ele será imparável. A sua força residirá na profunda confiança entre os seus participantes.

O Húmus da Comunidade

Vera Kleinhammes, Alemanha/Portugal

Para mim, este encontro foi uma reunião com a parte da vida que se mantém saudável. Estas pessoas reconhecem vida umas nas outras. É uma dádiva fazer parte de tal círculo de pessoas. Tantas delas sofreram injustiças e atrocidades brutais enquanto mantendo um coração aberto, sábio e inteligente. Elas têm esse poder, recusando a vingança por saberem que tal caminho não leva à cura. Elas abandonaram voluntariamente esta espiral de violência. Nelas reluz uma humanidade que admiro.

Num encontro destes, todos reconhecemos ser evidente a estrutura global existente, um sistema falível e traumático igual em todo o lado - em cada país, em cada aldeia, em cada família, em cada indivíduo. Sinto-me fascinada ao ver pessoas que tomam uma posição pela vida e que não mais procuram culpar ninguém. Não vêm inimigos nem pessoas por condenar, mas chamam as coisas pelo nome, e sabem o que está certo e o que está errado. Elas olham para o caminho a percorrer e questionam-se como curar o todo - a humanidade e a Terra conjuntamente.

Eu acredito que, ao tornarmos audível esta voz comum, conseguiremos ter um impacto planetário. Existem inúmeras pessoas que sentem esta voz nos seus corações, mas que a têm silenciado por se sentirem sós. Queremos encorajar todos a seguir essa voz dos nossos corações.

'Guardo uma visão de um futuro onde o amor, a confiança e a solidariedade são mais fortes que toda a violência.'

Vera Kleinhammes

A comunidade planetária pode criar uma força que termine com a injustiça mundial. Cada um de nós precisa de coragem para se libertar dos seus medos e escolher lutar por um bem maior, pelos direitos da vida. Este passo é mais fácil de ser dado se soubermos que não estamos sós.

A criação de confiança entre pessoas que se reúnem, vindas de diferentes lugares e áreas de trabalho, é um processo magnífico. Estamos a chegar a um espaço comum que vai mais além das opiniões pessoais, das culturas, dos países ou das religiões. Reconhecemos que somos, antes de mais nada e acima de tudo, humanos. É isso que nos une.

Guardo uma visão de um futuro onde o amor, a confiança e a solidariedade são mais fortes que toda a violência. A comunidade planetária é uma fonte para tornar esta visão realidade. É formada por pessoas humildes, com ambos os pés no húmus da confiança, que comunicam entre si no espírito planetário da unicidade e que reconhecem que todos viemos de uma Terra partilhada. A partir deste espaço sagrado de reunião, emergem considerações estratégicas e inteligentes de como o sistema planetário de violência pode ser substituído. Este é o ponto da situação, não temos tempo a perder. O poder da cura é irresistível e podemos ativá-lo ao entrar numa aliança com a vida. Ela própria desenvolve uma capacidade de cura bem superior àquela que possamos imaginar.

Vera Kleinhammes é uma inspiradora e forte líder da segunda geração em Tamera. Ela coordena o 'Global Campus' - uma rede internacional de iniciativas locais de paz em todo o mundo, que está a criar centros educativos para comunidades de confiança, autónomas e descentralizadas.

Favela da Paz: Com o Poder da Confiança

Cláudio Miranda, Brasil

O Instituto Favela da Paz foi fundado numa favela em São Paulo, Jardim Ângela, a qual era considerada uma das mais violentas do mundo há 15 anos atrás. Cláudio e Fábio Miranda, Elem Fernandes, Paulo Torres e Alessandro 'Pikeno' Neres cresceram na favela. Ali criaram uma banda e hoje dirigem um estúdio de música que oferece aos jovens da favela uma oportunidade de expressão criativa e uma perspetiva positiva e pacifista da vida. Depois de visitar Tamera em 2009, Cláudio decidiu desenvolver o seu projeto num modelo sustentável dentro da favela. Tal projeto inovador inspira pessoas de todo o Brasil.

São Paulo é uma cidade de discrepâncias sociais extremas. Os mundos dos pobres e dos ricos são tangentes. Muitos pensam que o centro de São Paulo, repleto de arranha-céus e de montras de lojas, é o local mais seguro para se viver. Eu não acho que seja verdade, porque as pessoas têm de se proteger umas das outras. A favela é claramente mais segura, na minha opinião. Encontra-se nos arredores da cidade, vivemos mais próximos da natureza e, mais importante que isso, mais próximos uns dos outros.

Cerca de 800,000 pessoas vivem na nossa favela. Claro que viver com tanta gente num espaço tão reduzido é um desafio, mas também aprendemos a trabalhar em conjunto e a partilhar. Toda esta situação faz-nos mais fortes e criativos!

As Nações Unidas consideraram a nossa favela, Jardim Ângela, como sendo o local mais perigoso do mundo. Não creio que tal seja verdade. Os media usam tal denominação para nos excluírem. Já vivi várias situações de violência, mas também muitas experiências positivas. Ao contarmos as histórias destas vivências positivas, conseguimos gradualmente reverter a imagem que os media passam da favela.

Eu nasci na favela, mas os meus pais são do norte do Brasil. Cresci numa casa onde o amor e a alegria reinavam. O meu pai foi nadador salvador numa piscina durante décadas. Quando era jovem, via-o a tocar guitarra lá e toda a gente o adorava, incluindo pessoas de fora da favela. Ele usava a música para estabelecer contacto com as pessoas e isso fascinava-me. Tinha eu nove anos e o meu pai perguntou-me o que gostaria de ser no futuro. 'Músico', disse-lhe. 'Então serás músico', respondeu. Aquilo foi especial para mim. Quantos pais apoiam o seu filho que aspira a tal carreira? Olhando para trás, aquele momento abriu todo um mundo de liberdade para mim. Pedi ao meu irmão mais novo Fábio, habilidoso na arte de criar coisas, que construísse alguns instrumentos a partir de latas e ferro velho, e aprendemos por nós mesmos a fazer música a partir deles. Foi o princípio de uma grande paixão. Experimentei tantos instrumentos novos.

Em 1989 abrimos um estúdio de música onde podíamos ensinar as pessoas da favela. A música tem o poder de unir as pessoas e, a partir dela, conseguimos criar uma base de confiança.

Recordo uma vez, durante uma guerra entre gangues de traficantes de droga, que as pessoas foram obrigadas a ficar nas suas casas enquanto a polícia disparava sobre os membros do gangue. A nós foi-nos permitido andar livremente e tocar no meio de toda aquela cena. Foi a partir de situações como esta que ficámos conhecidos no seio da favela. Conhecemos outros activistas e artistas com os quais começámos a colaborar.

Eu acredito que nasci na favela porque a minha missão é aqui. E, apesar de toda a pobreza e perigo, experienciei algo que partilho com os nossos amigos da Colômbia e da Palestina: felicidade e alegria parecem existir em todas as favelas do mundo! São tesouros que não se compram. Apenas podemos sentir felicidade quando estamos próximos de outras pessoas, quando partilhamos e colaboramos com elas. Ninguém nos pode tirar isso. Uma economia diferente emerge – a economia da solidariedade. Temos gosto em partilhar o pouco que temos na favela. Não se trata de acumularmos para usufruto próprio. Pessoas que têm pouco geralmente nutrem enorme compaixão para com as outras, escutam-nas com seus corações abertos. É impressionante presenciar quanta gente está disponível a ajudar, apesar de toda a violência, por se sentirem parte de uma comunidade.

'Mais de um bilião de pessoas vive atualmente em favelas. Quando formos bem-sucedidos em tornar real a visão da 'favela da paz' num local, o conhecimento de como nos tornarmos independentes do sistema espalhar-se-á por todo o mundo.'

Vera Kleinhammes

Um dia, duas pessoas entraram no nosso estúdio. Era óbvio que eram endinheiradas e que viviam no centro de São Paulo. O senhor pediu-me que ensinasse música ao seu filho e perguntou-me qual era o preço. Respondi-lhe para pagar o que achasse justo, porque o facto de terem vindo até nós, até à favela, era suficiente para mim. Senti o impacto que tal resposta teve nele e, desde então, temos uma ligação especial. Algum tempo depois, o meu pai e o meu tio foram diagnosticados com cancro da próstata. Não tínhamos dinheiro para pagar as cirurgias. Quando o senhor me ligou a perguntar como estava a minha família, contei-lhe a situação. Qual não foi o meu espanto quando soube que era um dos maiores especialistas em cancro da próstata do país. Foi então que me disse, 'Traga o seu pai e o seu tio até mim' e operou-os gratuitamente. Ainda hoje estão vivos graças a ele. Esta foi uma troca baseada na amizade e na cooperação.

Em 2009, contactei com Tamera pela primeira vez e a minha vida mudou muito desde esse momento. As pessoas de Tamera convidaram-me a ir à Colômbia e a Israel-Palestina. As lições foram muitas, e hoje, nós, Instituto Favela da Paz, sentimos que fazemos parte desta comunidade global. Isto dá-nos força para sermos activistas da paz, para não recuarmos nas nossas crenças e ações quando somos atacados. Esta foi e é uma enorme aprendizagem, também para a nossa vida pessoal.

Tornámo-nos um ponto de acupuntura na nossa favela – ou viemos a descobrir que sempre o fomos, sem nunca nos termos apercebido de tal.

Atualmente estamos a construir métodos sustentáveis de obtenção de energia e alimento, trazendo o conhecimento ecológico e tecnológico aprendido em Tamera para as favelas. Instalámos um digestor de biogás e um sistema solar na nossa casa, e tal despertou curiosidade nos outros residentes da favela. Explicámos a utilidade destes sistemas. O meu irmão Fábio sempre foi um inventor, mas também muito tímido e reservado. Quando viu pela primeira vez os dispositivos de energias renováveis em Tamera, sentiu-se tremendamente inspirado. Hoje em dia, partilha este conhecimento por todo o Brasil (especialmente sobre os digestores de biogás), construindo, adaptando ou inventando "novos" dispositivos.

Acredito firmemente que somos parte de um grande plano, do qual não podíamos escapar mesmo se quiséssemos.

Após as primeiras visitas a Tamera, começámos a quesinha companheira Elem criou um projeto de nutrição vegetariana chamado Vegearte. Ela dá alimento às pessoas da favela e vende comida às grandes empresas, conscientizando-as do nosso trabalho, o qual resulta em financiamento para os nossos projetos.

Houve ainda outra coisa que descobrimos em Tamera: o poder da palavra 'confiança'. Ela faz acreditar no impossível, descobrir todo um novo mundo. Há uns anos atrás, tive uma pessoa a apontar-me uma pistola à cabeça. Não tive medo nem me senti uma vítima. Por outro lado, senti que aquela pessoa era vítima do sistema em que vivemos. Foi um daqueles momentos em que, apesar da adrenalina, existe espaço para pensar 'Como podemos sair desta situação de uma forma pacífica?'. Disse-lhe que era músico, ao qual me respondeu 'Então toca uma música!'. Era noite e eu a tocar cavaquinho com uma pistola apontada à cabeça. Não podia olhar para ele, mas sabia que podia encurtar distâncias na base da confiança. Passado um bocado, ele recolheu a arma. Que experiência incrível!

Devemos ser resistentes a lutar contra a violência porque é dessa forma que criamos separação. Devemos entender como usar o poder da confiança. Começámos a mudar um lugar violento à face da Terra. Todos juntos podemos mudar o mundo se quisermos. Tudo depende do quanto confiamos nos outros e em nós mesmos.

Que Bom Estarem Aqui! Uma Escola de Liberdade

Eda Luiz, Brasil

Há 20 anos atrás, a professora Eda Luiz, que tem agora 71, fundou uma escola para os jovens e adultos educativamente abandonados pelo estado numa das mais violentas favelas de São Paulo. Hoje, o CIEJA (Centro Integrado de Educação de Jovens e Adultos) é um modelo de aprendizagem gratuita e de educação para adultos inclusiva para todo o país, estando sediado no Campo Lindo. Eda é também parceira do 'Instituto Favela da Paz'.

Quando as pessoas me perguntam quem eu sou, digo-lhes que sou uma avó e uma mãe cheia de amor por tudo e por todos no universo, e que o meu objetivo de vida sempre foi o de substituir o medo pela confiança.

Era professora numa escola estatal, mas não estava de acordo com muitas das políticas nela praticadas. Revoltei-me e fui chamada de louca. Depois de 35 anos como professora rebelde, o estado resolveu desafiar-me: se queria realmente fazer algo de diferente, deveria construir uma escola numa das mais violentas favelas de São Paulo. Esta seria uma escola para aqueles que tinham sido excluídos das escolas estatais ou que não tinham formação académica por serem pobres: criminosos, drogados, portadores de deficiência ou sem-abrigo. São muitos os que vivem nos subúrbios das grandes áreas urbanas, particularmente nas favelas: não só crianças, mas também adultos. A sua maioria nunca irá aprender a ler ou a escrever. As autoridades

pensavam que se iam ver livres de mim desta maneira e que isto significaria o fim da minha carreira. Eu aceitei o desafio e esta decisão acabou por se revelar o início de um projeto fabuloso. Inicialmente deram-me uma casa e um pedaço de terreno, no qual plantei várias árvores. Na entrada coloquei uma faixa com 'Que Bom Estarem Aqui' escrito e convidei todas as pessoas do bairro a construir a escola comigo. Perguntei aos estudantes que tipo de escola frequentariam, ao qual me responderam uma escola sem filas de secretárias e cadeiras fixas, sem um programa definido e sem professores.

Iniciámos com 800 e hoje são cerca de 1,800 os estudantes que temos, dos 5 aos 89 anos. A escola está aberta entre as 7h e as 23h e eu estou sempre presente. Servimos diariamente cerca de 500 almoços e 800 jantares a alunos e residentes da favela. Contamos com uma equipa de 92 colaboradores, entre professores, cozinheiros, empregados de limpeza e administradores. A estes se juntam um vasto número de voluntários.

Agimos partindo do pressuposto que cada ser humano quer aprender. No processo de admissão, fazemos uma entrevista aos futuros alunos para perceber aquilo que já sabem, e não aquilo que não sabem. Depois formamos grupos de acordo com o seu grau de conhecimento. Anualmente, criamos cerca de 80 grupos, com 10 a 20 estudantes de diferentes idades e com diversos talentos cada. Valorizamos muito a diversidade e, por isso, os aceitamos a todos. Temos também 300 alunos com necessidades educativas especiais – mais do que em qualquer outra escola no Brasil. Temos alunos cegos, surdos, paralisados ou com talentos especiais, e todos estes são igualmente integrados em grupos de acordo com o seu grau de conhecimentos. Não acreditamos na educação separada dos restantes. Para eles temos salas onde podem aprender Braille ou linguagem gestual. Todos fazem parte de um grupo e todos aprendem juntos.

'O meu segredo
é nunca
ter desistido.'

Eda Luiz

Três quartos de toda a massa estudantil são mulheres ou meninas de todas as idades. A nossa estudante mais velha tem 89 anos de idade. Era empregada doméstica interna e viveu sob condições muito precárias durante toda a sua vida. Aprender a ler e a escrever sempre foi o seu grande sonho, e foi capaz de o concretizar. Cada sexta-feira à tarde, o corpo docente reúne-se para discutir o trabalho a ser realizado entre todos e para realizar formação contínua, assim como para estudar alternativas de como lidar com os alunos mais problemáticos ou aplicar possíveis sanções aos seus atos. Nessas mesmas tardes, oferecemos várias atividades aos nossos estudantes, tais como dança, taekwondo, desporto, capoeira, música, teatro, cosmética e muitas outras, sendo elas também parte integrante do projeto educativo.

Nos primeiros anos de existência, a autoridade estatal propôs o encerramento da escola, alegando que não estava a cumprir o seu propósito. Ao estudar a legislação, encontrei um parágrafo onde diz que a criatividade e a autonomia dos estudantes devem ser apoiadas e fomentadas. Nesse momento, dirige-me às pessoas responsáveis e questionei 'Por acaso sabem o que isto significa?'. Não, não sabiam. Aliás, acredito que nem tivessem conhecimento dessa mesma alínea. E disse-lhes, 'Eu sei. Criatividade e Autonomia são os recursos mais importantes na nossa escola'. Mas o dia do encerramento aproximava-se: uma votação determinaria o desfecho. Foi então que, como em muitas situações semelhantes a esta, a minha intuição me trouxe uma solução. Dois dias antes da votação, dirige-me às autoridades estatais e entreguei a cada um dos 120 representantes uma descrição da nossa escola. Até então nunca tinham recebido qualquer informação relevante e esclarecedora. Descrevi com detalhe e paixão de que forma a nossa filosofia de ensino estimula a criatividade e a autonomia dos estudantes, tal como está previsto na lei. Ficaram deveras surpreendidos e votaram unanimemente na continuidade da escola.

Começo sempre por questionar os estudantes, 'O que é que querem aprender e como?'. O seu programa dependerá das suas respostas. No início de cada ano letivo, reunimo-nos em assembleia para escolher qual o tema principal para o ano escolar. Terá, inevitavelmente, de ser um tópico que ajude todos os membros do grupo estudantil e da comunidade. Este ano, devido à situação política conturbada no Brasil, pensei que o tema 'política' seria escolhido, mas os alunos votaram na saúde. Cada grupo nomeia um problema em particular e uma questão relacionada com o mesmo que querem ver tratados, e os professores desenvolvem um programa em torno desses. É desta forma que os nossos alunos e professores cooperam entre si. Na nossa escola, os professores servem de moderadores que ajudam os alunos a semear o seu próprio conhecimento.

Entretanto, a nossa escola foi nomeada a melhor do país a nível da educação para pessoas que se recusaram a estudar, sem-abrigo e sem condições de acesso à escola pública. Muitos alunos, outrora drogados e sem-abri-go, mudaram de vida com a nossa ajuda. Bastantes deles tornaram-se nossos voluntários ou receberam diplomas de conclusão de ensino secundário, inclusivamente entrando na universidade. O meu segredo é nunca ter desistido. Nem sempre foi fácil. Só a minha almofada sabe quantas vezes fui para a cama a chorar. Porém, quando vais dormir com um problema em mente e te abres à tua intuição, há um momento em que uma fonte de inspiração aparece em teu socorro - e eu sigo-a sempre! Pode soar uma loucura, mas comigo sempre resultou.

Quero encorajar todos, novos e velhos, a escutar a voz dos vossos corações. Todos vocês a reconhecem. Mesmo que inicialmente seja tímida ou que soe a algo absurdo, sigam-na. Não permitam que nada vos impeça. Façam aquilo que ela vos diz para fazer! Façam-no!

Decisão pela Vida

Brigida Gonzales, Colômbia

San José é uma comunidade de paz situada em Apartadó, capital da agroindústria da banana em Urabá e uma região fértil e estrategicamente importante do norte da Colômbia. A comunidade foi fundada por 1,300 agricultores em 1997 como uma zona neutra. Através de oposição não-violenta, recusando a posse de armas e seguindo diretrizes éticas acordadas entre todos, criaram uma comunidade fortemente unida. Esta foi a solução encontrada para enfrentar a constante ameaça de expulsão das suas terras, liderada pelas empresas multinacionais. De acordo com o relatório anual do Alto Comissariado das Nações Unidas para os Refugiados (UNHCR's) de 2018, vivem na Colômbia mais de 7 milhões de refugiados internos, a sua grande maioria pequenos agricultores.

Graças ao seu sentido de comunidade, compromisso com uma prática não-violenta e à ajuda internacional recebida, o grupo tem sido capaz de suportar estas investidas brutais há já vários anos. O preço a pagar é elevado: quase 300 membros da comunidade foram mortos nos seus 21 anos de existência. Os assassinos fazem parte de vários grupos armados, entre os quais militares e paramilitares. Atualmente as ameaças têm sido mais subtis: prisão arbitrária, difamação ou interdição à chegada de alimentos. Mas o exemplo dado pela comunidade, a sua coragem, resistência e desejo em perdoar vai além-fronteiras e traz uma luz de esperança. Brigida, 67 anos, agricultora, pintora, mãe e avó, foi uma das cofundadoras. Ela conta-nos algumas das histórias mais marcantes.

Tenho o coração feito em pedaços. Um pedaço está na Colômbia, outro na Síria, outro na Palestina, outro no Irão e outro no Iraque. Isto porque há guerra em todos estes países. É difícil conseguirmos paz quando o coração está de tal forma ferido.

É por essa razão que, enquanto simples agricultores, percorremos humildemente o caminho do perdão na nossa comunidade. Praticamos o encontro com os nossos inimigos desde uma perspetiva de solidariedade e não de ódio, porque tanto o agressor como o agredido são vítimas neste processo. Rezamos pela cura das feridas de ambos os intervenientes. Pergunta como pode ajudar a comunidade de paz? Precisamos de acompanhamento humano. Estejam connosco durante as vossas orações, mas também venham até nós e vivam aqui connosco. Essa será a nossa maior proteção. Eu nasci em Antioquia. A minha família sempre se mudou à procura de trabalho agrícola. Com 18 anos, saí de casa e comecei a trabalhar em organizações de juventude. Defendia que as pessoas não foram feitas para viver sós, que nos devíamos unir. Naquela altura, descobri a arte. A pintura era a maneira de expressar o meu desejo de solidariedade entre os povos. Eram tempos em que os movimentos operários e dos agricultores eram violentamente atacados. Os grupos paramilitares eram apoiados e treinados por especialistas dos Estados Unidos e de Israel desde 1962, e o objetivo deste 'esquadrão da morte' era o de erradicar os apoiantes dos movimentos de esquerda e dos sindicatos. Eles estavam por todo o lado, mas eu consegui manter-me imune ao medo.

Trabalhei em grandes plantações de banana e tive o meu primeiro filho. Fui eleita porta-voz do grupo de trabalhadores pela convicção com que lutava por uma vida com dignidade. Defendia que homens e mulheres deviam trabalhar em condições iguais e em liberdade, e não como escravos de um senhorio. Todos queríamos ser pequenos agricultores livres, ter os nossos próprios terrenos, plantar bananas e cacau, e vender os nossos produtos. Cada vez mais pessoas se mudaram para as montanhas nos arredores de San José e eu não fui exceção. Os proprietários destas grandes plantações não ficaram nada satisfeitos.

Em 1985, uma maré de esperança chegou ao país – a fundação da Union Patriotica (UP), uma coligação entre todos os partidos de esquerda, a qual teve uma enorme adesão em toda a Colômbia. Foi então que o governo começou a perseguir os seus membros sem piedade. Vários foram os massacres em escolas, sindicatos, nas ruas e nos autocarros, por toda a região de Apartadó e noutros locais do país. Muitos amigos e camaradas 'desapareceram'. Todas as grandes empresas, proprietários de plantações, cooperativas e cartéis de droga participaram neste massacre. Vários milhares de pessoas fugiram das suas casas, uns do interior para as cidades e outros no sentido oposto. Foi um autêntico genocídio político. Mais de 5000 líderes e apoiantes do movimento foram assassinados num curto espaço de tempo.

'Pergunta como pode ajudar a comunidade de paz? Precisamos de acompanhamento humano. Estejam connosco durante as vossas orações, mas também venham até nós e vivam aqui connosco. Essa será a nossa maior proteção.'

Brigida Gonzales

Apesar da situação dramática, nunca perdemos a esperança de uma vida melhor. Aprendemos que, enquanto pessoas singulares, temos o direito de ser trabalhadores agrícolas independentes e tivemos o apoio da Amnistia Internacional e da Red Cross durante esse período. Abordámos representantes das Nações Unidas, os quais nos aconselharam a abandonarmos a região; não nos imaginávamos a fazer tal coisa, e depois de tantos camaradas terem dado as suas vidas para proteger esta terra, não poderíamos simplesmente ir embora.

Em 1997, tomámos uma decisão política importante – o estabelecimento de uma comunidade de paz. Pareceu-nos ser a única maneira de protegermos a nossa terra e de estarmos a salvo. Em Março desse ano, criámos a nossa própria constituição, renunciando a todos os meios de violência e declarando-nos uma comunidade.

Recebemos inúmeras ameaças de morte. Uma vez, quando ia a caminho de San José com os meus filhos, dois indígenas Emberá vieram até nós e avisaram-nos que seríamos mortos se seguíssemos caminho naquele dia. Creio que nos salvaram a vida. Esconderam-me a mim e aos meus filhos numa das suas aldeias. Uns dias depois, fomos capazes de seguir viagem em segurança até San José.

Tive sempre bem claro que teria de lutar por uma vida melhor, sem violência. Só pensei em usar uma pistola uma vez na vida e foi quando a minha filha foi morta a tiro. Ela estava a dançar com outros adolescentes e viu-se no meio de um tiroteio. Tinha 15 anos de idade. Naquele momento só pensava que, se fosse dez anos mais nova, teria pegado numa arma. Mas aquela ideia veio de um lugar de dor. Depois de me acalmar, só conseguia pensar que os meus outros filhos precisavam de mim. Olhando para trás, sinto-me feliz por ter optado pelo caminho da não-violência e da comunidade. As armas tornam a paz impossível. O governo gostaria de nos ver armados para, desse modo, ter razões para nos atacar. No entanto, não sabem como atuar inocentemente contra resistência não-violenta.

Temos várias mulheres na nossa comunidade que vivem sozinhas com as suas crianças, porque os seus maridos jazem mortos. Famílias inteiras são uma exceção. Trabalhamos juntos nas plantações de banana, plantamos hortas, fazemos criação de galinhas e também cultivamos cacau - hoje em dia de forma totalmente biológica. Andamos sempre em grupos pequenos pelos campos, nunca

sozinhos, para nos protegermos uns aos outros. Solidariedade na Aldeia da Paz é a nossa maior arma de sobrevivência. Também nos sentimos protegidos pelos nossos amigos de todo o mundo, que nos apoiam incondicionalmente. Não obstante, muitos de nós foram assassinados ao longo dos anos.

Enquanto as estruturas criminosas tiverem uma voz nos vários ministérios, não estamos abertos a diálogo político. As únicas eleições nas quais participamos são as relativas ao nosso conselho interno. Construímos as nossas próprias escolas e centros de saúde, porque não confiamos as nossas crianças ou um de nós a um sistema que nos quer atacar constantemente. A arte é, ainda, o meu trabalho principal. Eu conto a história da nossa comunidade de paz através das minhas pinturas, algumas delas expostas no Museu Nacional em Bogotá.

Desde o célebre acordo de paz assinado em 2016 que ainda não presenciámos paz. Pelo contrário, as unidades paramilitares têm-se mostrado mais ativas do que nunca.

Estas tomaram posse das áreas abandonadas após as guerrilhas, ameaçaram e mataram os opositores, e expulsaram os agricultores das suas terras. Estas unidades armadas servem de marionetes aos poderosos proprietários das terras e empresas multinacionais na indústria agrícola, na criação de reservatórios ou na exploração de recursos minerais. Há uns meses atrás, três jovens paramilitares armados irromperam pela nossa comunidade e tentaram atingir o nosso porta-voz com uma pistola. Após serem desarmados e detidos, entregámo-los imediatamente à polícia. Em vez de perguntarem qual a nossa queixa, libertaram os três jovens e acusaram-nos de privação de liberdade. Infelizmente já estamos habituados a esta distorção dos factos.

Até ao momento, cada obstáculo só nos tornou mais fortes. Fomos capazes de responder a cada ameaça com enorme autonomia. Já construímos painéis solares, uma cozinha comunitária e uma pequena fábrica de cacau. Em 2005, quando o nosso porta-voz foi assassinado juntamente com a família, tropas armadas deslocaram-se até à nossa comunidade, alegadamente para nos proteger. Um dos nossos mandamentos é o da não tolerância à posse e ao uso de armas. Assim, mudámo-nos para perto do rio e começámos a construir uma nova aldeia - San Josecito. A comunidade tem continuidade. Como Eduar [Eduar Lancheiro, anterior porta-voz da comunidade] sempre referiu, 'Se vivermos em comunidade, podemos mudar o mundo'. O futuro não emerge do passado, mas daquilo que ocorre aqui e agora.

A DOR DO MUNDO

'Imagina a Alma do Mundo a chamar dentro de ti:
Uma vez vista a miséria do mundo com os MEUS olhos, não esperarás mais. Buscarás incessantemente pelas respostas que te conectam com a autoridade para agir. Atuarás onde puderes. Agirás de coração aberto e verás que somente através da confiança, e com confiança, podes ser efetivo.

Somente te tornas ativo quando estás conectado com o amor infinito. Desta forma não irás cair de novo no sentimento de impotência. A ira sagrada que vem do amor dá-te um poder que, enfaticamente, rejeita tudo o que não serve ao amor. Onde quer que estejas, tu protegerás a vida. Acompanharás almas moribundas e irás mostrar-lhes o caminho onde reside a vida eterna. Em tudo o que encontrares, vais procurar-me a MIM. Pois só há uma existência.

A ira sagrada é mais enaltecedora que toda a violência. Não julga, não confronta, não permanece em julgamento, não odeia e não segue as energias da vingança. Conectado à ira sagrada, tu não serás mais subjugado ao poder daqueles que seguem a destruição. Há um ponto em que eles perdem o poder que exerciam sobre ti. É aqui que o poder da mudança prevalece.'

Excerto do livro 'Sources of Love and Peace' de Sabine Lichtenfels

Precisamos de Compaixão para Sobreviver

Salim Dara, Benim

Salim Dara é Rei Ba Parapé de Djougou, a maior cidade do noroeste do Benim, desde 2010. É professor de agricultura sustentável na Faculdade de Agronomia, um empreendedor social ('fellow') Ashoka e fundador da Solidarité Rurale (Solidariedade Rural), que revolucionou o conteúdo e a estrutura da educação agrónoma no Benim.

Ambos os meus pais conseguiam ler e escrever, pelo que cresci em circunstâncias privilegiadas. Era um bom aluno na escola primária e, por isso, o governo decidiu enviar-me para a escola secundária. Tive de sair de casa aos 12 anos. Mais tarde, entrei na Universidade onde estudei Matemática e Física. As condições eram muito difíceis e o pior era que não estávamos autorizados a expressar ideias diferentes. Aprendemos os ideais do comunismo e de um mundo mais justo para todos, e isso fascinou-nos. Escrevíamos e distribuíamos folhetos pelos estudantes, e juntávamo-nos em círculos para explorar ditos ideais. Mal tínhamos dinheiro para comer, não haviam livros de estudo suficientes e somente tínhamos 4 autocarros para levar os cerca de 800 estudantes até ao campus universitário, situado uns 15 quilómetros fora da cidade, todas as manhãs. Os autocarros estavam sempre sobrelotados, e quando um aluno perdia o mesmo (e, consequentemente, as aulas), era ameaçado de suspensão. Num dos dias, um dos estudantes morreu por ter sido atropelado ao tentar desesperadamente entrar no autocarro.

Decidimos fazer greve e pedir por melhores condições, mas a polícia prendeu-me a mim e a 32 outros estudantes. Podíamos ter pedido desculpa, mas mantivemos a nossa posição por estarmos convictos de que não tínhamos feito nada de errado. Fomos imediatamente presos. Não houve sequer julgamento. Colocaram-nos num espaço com outros 150 prisioneiros, onde não caberiam mais do que 50 pessoas. Durante a manhã, tínhamos autorização para aceder ao pátio exterior por algumas horas. Ao fim de três dias, a nós, 'prisioneiros políticos', já não nos era servido alimento. Um companheiro de cela deu-me alguns restos já bolorentos e malcheirosos. 'Come', disse-me, 'caso contrário não sobreviverás'. Comi.

Comecei então a tecer e a vender cestas para ganhar algum dinheiro. A grande lição que aprendi na prisão foi a da empatia. Sempre que comprava algo, partilhava com os outros.

O meu melhor amigo era um sacerdote, um 'prisioneiro político' como eu. Falámos sobre o universo, a justiça e a verdade, e estas conversas ajudaram-me a manter o meu coração focado na minha missão. Um dia – depois de 3 anos na prisão – uma senhora branca veio comprar uma das minhas cestas. Perguntou-me por que estava na prisão e eu contei-lhe a minha história. Quis saber o meu nome e os dos meus colegas estudantes. Mais tarde eu soube que os passou todos à Amnistia Internacional, que vieram em nosso apoio. Sem a Amnistia Internacional, nunca teríamos sido libertados.

Muitas outras pessoas, as quais nunca conheci, também nos ajudaram. Uma delas é Patricia Palmer, uma senhora do Reino Unido. Desde o primeiro momento que me incentivou e se manteve em contacto até que fui libertado. Infelizmente faleceu antes que a pudesse conhecer pessoalmente. Estou deveras agradecido pelo que ela e muitos mais fizeram por mim. Tantas pessoas com bom coração a viver neste planeta. Juntos temos de criar um futuro melhor.

Passados 2 anos após a primeira visita da referida senhora branca, e fruto da pressão colocada pela Amnistia Internacional no nosso governo, fomos libertados. Foi uma maneira de limparem a sua imagem, anunciando publicamente a amnistia. Toda a gente no Benim sabia os nossos nomes. Ao sairmos da prisão, a meio da noite, fomos recebidos por uma enorme multidão. Não fazíamos ideia do que estava a acontecer. Depois de visitar a família, decidi prosseguir com os meus estudos. Uns meses mais tarde, os jovens estudantes organizaram outra greve. Apesar de não estar envolvido na mesma, as autoridades suspeitaram da minha participação, pelo que tive de fugir. O padre N'Zamuja ofereceu-se para me dar refúgio na sua quinta remo-ta. Mantive-me lá por 9 anos, onde aprendi muito sobre agricultura biológica e alimentei a minha paixão pelo cultivo de alimentos saudáveis. Eu era muito ativo, pois tinha que ganhar dinheiro para mim e para a minha família. Mais tarde criei o meu próprio centro ecológico. Conheci a minha esposa quando estava na prisão. Ela também é de Djougou. Veio um dia com alguém que queria comprar uma das minhas cestas. A partir de então, visitou-me regularmente, trazia-me fruta fresca e falávamos por alguns minutos. Ela é uma das pessoas que me 'salvou' a vida.

Há oito anos atrás, o rei de Djougou morreu. Eu era o seu sucessor por tradição e era reconhecido pela minha capacidade de liderança. Inicialmente estava hesitante em aceitar porque não queria ser rei. No entanto, acabei por aceitar a responsabilidade. A minha ideia era a de ligar a nossa tradição à minha visão de um futuro justo e sustentável na minha cidade. Enquanto rei, o meu papel é o de acompanhar as pessoas nas suas vidas, dúvidas e necessidades, de resolver conflitos sem recurso à violência e de trazer ideias novas para a comunidade. No centro de Djougou vivem cerca de 80,000 habitantes. Para além de serviços administrativos e de um edifício governamental, o povo ainda precisa de um rei. Esta é a organização tradicional dos países africanos. O rei é aquele que escuta o povo, mas não quem o controla economicamente.

O nosso país tem de se libertar da competição e da pressão inerentes ao capitalismo. Voltámos a ser capazes de cultivar a nossa própria comida e de reclamar, pedaço a pedaço, a terra que perdemos para as corporações internacionais. Elas adquiriram as terras para criar produtos para exportação e, ao fazê-lo, arruinaram-nas. Agora estou também a construir uma quinta ecológica, nos arredores de Djougou, onde quero propor soluções para a autonomia regional em água, alimento e energia. Assim que mostrarmos a solução num lugar, ela poderá ser replicada em todo o país. Eu comprei a terra onde construí este centro com a ajuda de doadores suíços. Estou, obviamente, a angariar fundos para implementar o plano de tornar Djougou num modelo de sustentabilidade, mas mais do que isso, estou à procura de fazer parte de uma aliança internacional. O que experienciei durante o encontro em Tamera dá-me esperança e coragem. Apercebi-me que há muitas pessoas em todo o mundo – da Palestina à Colômbia, e também na Europa – que têm o mesmo sonho que eu. É o sonho de um mundo justo, onde todos tem o suficiente para comer. Não o podemos fazer sozinhos. Mas juntos podemos transformar este sonho em realidade.

Não Devemos Perder os Nossos Jovens para o Sonho Ocidental

Joshua Konkankoh Ngwa, Camarões

Os Camarões são um país distinto dos restantes estados africanos, uma vez que não foram colonizados por uma potência apenas, mas por duas – França e Grã-Bretanha – logo após a Primeira Guerra Mundial. O país foi então dividido em dois, e cada parte seguiu o seu rumo. Pouco depois de 1960, vários estados do continente africano começaram a declarar independência. Um dos países que tentou foi a população anglófona, que pretendia constituir um estado que mais tarde se chamaria Ambazónia. Foi um passo em frente dado pelos africanos na sua libertação do patriarcado colonial e da exploração por parte das empresas multinacionais. Mas a iniciativa não foi apoiada. Após uma revolta dos professores, estudantes e advogados em 2016, o conflito latente resultou num genocídio da população anglófona por parte do estado francófono. A competição por recursos, incluindo vastas reservas de petróleo, está por detrás do conflito, tal como acontece em tantos outros lugares. A repressão brutal do exército sobre os civis anglófonos ou é ignorada pelos grandes meios de comunicação social, a ONU e os países industrializados, ou 'vendida' como uma guerra civil contra os 'separatistas'.

A seguinte entrevista teve lugar antes do surto de violência nos Camarões e, de acordo com Joshua Konkankoh Ngwa, é 'ainda atual'. Em Outubro de 2018, o exército invadiu a sua aldeia e todos os moradores, incluindo Joshua e a sua equipa, que tiveram de fugir imediatamente, deixando tudo para trás. No momento da elaboração deste livro, continuam escondidos noutro lugar do país.

Nós praticamos um importante rito de passagem que permite a cada jovem entender quem ele ou ela é enquanto pessoa africana. Durante o mesmo, os anciãos transmitem aos jovens (tal como o fizeram comigo) que estes devem sempre colocar as mãos no solo, porque é nele onde estão as sementes. Será dele que virá o seu futuro. É fundamental conhecermos mais sobre as nossas raízes. Tendo eu passado pelo meu rito de passagem, posso afirmar que escutar a sabedoria dos anciãos, a terra e aprender a ouvir o que os meus antepassados me diziam, foram valores preciosos para a minha vida. Estas lições são decisivas na vida de todos os jovens. Quando um jovem está ligado às suas raízes, há um crescimento natural visível, e rapidamente se vê o seu florescer.

Trata-se de confiança e de aprender a construir confiança.

No entanto, muitos dos jovens africanos atualmente estão desenraizados da sua herança cultural. A sociedade ocidental, que não tem respeito pela dignidade humana, tem violado essa mesma herança, deixando traumas profundos nas várias culturas africanas. Os sistemas educativo e económico têm sido a principal fonte de asfixia e de confusão sentidas pela população jovem em África. Esta vive no mito de poder voar até ao El Dorado, mas na verdade tudo não passa de um sonho. Embora eles acreditem que é a única alternativa, não é!

Tenho trabalhado com jovens na cidade e nas aldeias para ajudá-los a reconectar com o património natural onde cresceram. Eles nasceram das aldeias, das quintas, da cultura, das canções e das danças, e é crucial que se liguem novamente a estas para que descubram a parte da sua identidade que se mantém escondida.

É um enorme desafio. Os jovens estão corroídos pelo submundo das drogas e da prostituição. A insegurança e a fome são questões importantes, por exemplo. Muitos deles passam fome, mas não acreditam na agricultura e, portanto, não cultivam. Nem querem saber! Esta morte silenciosa tem continuamente enfraquecido o continente africano e tem sido celebrada no Ocidente. A África continua a ser publicitada nos meios de comunicação social através de imagens de miséria. Eles só mostram o lado negro de África – as guerras, a fome, a desertificação. É essa a imagem de África que as pessoas têm. A África parece estar tão distante. Poucos são os ocidentais que estão preparados para sair da sua zona de conforto para visitar os africanos. Não faz parte do seu desafio o de construir um mundo melhor. Frequentemente essa tarefa reduz-se aos seus próprios quintais. A globalização não tem trazido ligação, mas tem feito com que o mundo se desintegre. Quando são criadas tecnologias que, intencionalmente, não podem ser adaptadas a todo um continente, ou a partes dele, então apenas estamos a contribuir para um mundo melhor de acordo com os conceitos norte-americanos ou europeus. Existem inúmeras tecnologias low-cost desenvolvidas a pensar nas comunidades rurais que, na verdade, não encontramos em África, mas somente no Ocidente. Como podem então as zonas rurais ligar-se ao século XXI? Estamos a falar de ferramentas educativas, de conexão cultural ou ferramentas que podem permitir a compreensão, a reconciliação ou o perdão entre as pessoas. Mas, de momento, nenhuma dessas ferramentas está disponível para os jovens.

As multinacionais e os governos ocidentais têm usurpado o nosso continente. Como podem os jovens, que deixaram de ter uma voz na sua sociedade, construir o seu próprio futuro? Sabem o quão dolorosa é a experiência de viver sem um futuro? A nossa juventude é o futuro. Qualquer conceito a ser desenvolvido que não integre a juventude e o meio ambiente não é sustentável.

Eu acredito no movimento de transição atual, porque tem o potencial de unir as pessoas que podem resolver estes problemas. As ecovilas que tenho visitado são exemplos brilhantes de holismo, integridade e interligação. E os quatro elementos-chave para a sustentabilidade* direcionam-nos para a vida pós-século XXI, se corretamente aplicados.

* A série 'The Four Keys to Sustainable Communities' ('Os Quatro Elementos-Chave para Comunidades Sustentáveis') aborda as dimensões-chave do programa da Gaia Education: Económico, Visão Global, Ecológico e Social

Eu acredito nesta geração do século XXI, diria até que é a idade dourada. Temos ao nosso dispor tantas ferramentas e soluções. Creio que nunca houve uma era tão promissora de vida na Terra. Ao fim e ao cabo, a esperança e a confiança são como montanhas – quanto mais alto se alcança, mais conseguimos avistar e, portanto, mais podemos trazer de volta ao nosso povo.

Também tenho bem claro que as culturas africanas não se perderam por completo e que podem ser ressuscitadas. A sabedoria indígena africana é uma valiosa contribuição para o mundo. Quando combinada com a ciência, uma abordagem mais holística de sustentabilidade surgirá. Não se trata somente de acreditar nos próprios sistemas indígenas, mas de partilhá-los com os demais porque a partilha traz crescimento. Quando o conhecimento é partilhado de uma forma verdadeira e autêntica, o que nasce dessa partilha é muito poderoso. Este é o caminho para o futuro – já o vi e acredito nele.

Devemos estabelecer contacto entre as crianças do Ocidente e as dos países 'em desenvolvimento'. Unir pessoas com circunstâncias de vida diferentes ajuda a ultrapassar barreiras. Os jovens não carregam consigo o mesmo ódio que as gerações anteriores. Aliás, muitos deles nem sequer estão interessados nos conflitos do passado, ou no facto dos Europeus terem colonizado África – isso não lhes interessa! Eles apenas querem ser capazes de contactarem com os outros e de contribuírem para a emergência de uma nova Terra.

Quando olho para África como um todo, vejo que a desflorestação causada pelas multinacionais é uma grande ameaça para a população, tal como em vários outros lugares no planeta. A África tem um enorme potencial para equilibrar a destruição sofrida por força

da mão de obra jovem. No entanto, a maioria dos jovens não é ativo neste sentido. Encontrar um trabalho que faça sentido para eles é o futuro do nosso mundo – não apenas da África. Precisamos de regenerar o meio ambiente e sabemos da importância que as práticas da agricultura e da reflorestação podem ter nas pessoas, para que estas apoiem a produção e consumo sustentáveis. Isto é, nas ações que recuperem a sustentabilidade do planeta Terra, para que seja capaz de se autorregenerar.

Os ocidentais ainda estão hesitantes em dar as mãos a África e aos africanos. A África é o berço e o coração de toda a civilização. Quem abre o seu coração a África, regressa transformado e essa é a sua contribuição para o mundo. Como pode alguém dizer com sinceridade que vive com amor se não estende a sua mão companheira aos outros? Estes são sinais claros e simples que nos mostram quando as pessoas se sentem ligadas, e este é o espírito de África – coração e porta abertos. Não podemos unicamente mudar o meio ambiente, temos obrigatoriamente de mudar o ser humano. Dizemos que a vida é livre, mas hoje em dia ela é organizada com correntes. A África é como um ser com um enorme coração, respirando profundamente pelos seus pulmões. E, apesar de todas as correntes, o espírito africano não pode ser contido. No final, serão os povos africanos a quebrar ditas correntes, de uma vez por todas.

A nível espiritual, olho para a minha vida como um sacrifício por toda a humanidade. É por força deste poder universal que atuamos, o qual deve ser devolvido ao universo através das nossas ações. Atualmente, a maioria das pessoas envolve-se em problemas por não atuarem de modo a que esta força regresse ao universo. A vida é um processo de encontro com o nosso destino. Quando falamos de sucesso, significa que estamos no caminho certo, a seguir o nosso 'guião', como referiam os nossos antepassados. Eu quero ajudar os jovens a reencontrarem o seu caminho.

Joshua Konkankoh Ngwa está ligado à fonte espiritual do continente africano, bem como à política internacional. O seu coração bate pela juventude africana, sendo ele o diretor da ONG 'Better World Cameroon' e líder do projeto 'Ndanifor Community Garden', o qual relaciona os sistemas de conhecimento indígena com a ciência moderna. Ele é também membro da GEN (Global Ecovillage Network). De momento, colabora com projetos parceiros da Better World no Canadá, na Alemanha e no Reino Unido, e trabalha com profissionais da área da sustentabilidade e com representantes governamentais na criação de um novo currículo essencialmente prático, certificado pela Gaia Education. Este inclui agricultura biológica, permacultura e design integral até aos graus de licenciatura e mestrado.

Website: www.betterworld-cameroon.com

Se Acreditar, Pode Fazer Milagres

Sami Awad, Palestina

Sami Awad nasceu de uma família Palestiniana Cristã que foi expulsa de Jerusalém durante a guerra de 1948. Um dos seus ídolos é o seu tio, Mubarak Awad, professor de não-violência que seguia os valores de Gandhi. Enquanto adolescente durante a primeira Intifada, Sami juntou-se a um movimento de oposição não-violenta. Por várias vezes escapou de ser preso e teve de deixar o país. Viajou até aos Estados Unidos, onde frequentou o curso de Estudos da Paz e Resolução de Conflitos. Regressado à Palestina, fundou o centro 'Holy Land Trust' em Belém, uma escola para a não-violência.

O planeta Terra está a precisar de uma revolução global. Fazemos todos parte dele e, portanto, todos somos responsáveis pelo que está a acontecer. A revolução necessária terá de partir de uma base de amor. Pergunto-me como conseguiremos manter esta ligação à força do amor quando regressarmos aos nossos países? Como conseguirão os nossos amigos colombianos manter-se ligados a esta força ao regressarem às suas vidas difíceis? Ou os nossos amigos indianos e israelitas, quando confrontados com as políticas e com os desafios nos seus países?

Eu voltarei à Palestina com a consciência de que a minha casa é o mundo e que o meu país é a minha morada. Regressarei ao meu trabalho de resistência não-violenta, de construção de comunidades e de difusão de uma mensagem de paz na nossa terra. Ao mesmo tempo, estou consciente que o meu trabalho está cada vez mais conectado com uma visão global, entendendo que somos parte ativa num processo global que nos une a todos e que supera a esfera pessoal.

Estamos verdadeiramente integrados num processo de mudança. Não estamos apenas a falar do assunto, mas iremos regressar às nossas áreas de conflito, indo ao encontro às pessoas que mais precisam e dando-lhes respostas. Possibilitaremos que encontrem a força do amor dentro delas, que se juntem a esta família universal de amor e que tal as ajude a resolver os seus problemas e conflitos.

Por vezes, tenho uma visão forte da Terra Santa. Não se trata de um sonho fictício ou de uma ideia irreal, mas da terra e dos povos atuais. Vejo um sentimento sagrado de paz e calma além das montanhas, das flores e das pessoas, onde não há separação entre Árabes, Muçulmanos, Israelitas ou Cristãos, apenas seres humanos unidos pela sua diversidade.

Eu acredito profundamente que somos todos parte da unicidade original e que todos voltaremos a este estado em que reconhecemos que somos todos um, onde nacionalidades e religiões não serão mais pontos de divergência.

Regresso a casa convicto de que podemos operar esta mudança. Esse é o poder da não-violência e, através dele, mostraremos a nossa solidariedade, a nossa compaixão e a nossa habilidade para resistir às injustiças de que somos alvo.

Todos nós vivemos no planeta Terra, mas também todos nós somos mais do que isso. Somos parte deste universo e de uma existência superior. Quando visito a Índia, sinto-me como a visitar um vizinho. Faz-nos falta visitarmos os nossos vizinhos e sermos recebidos como família. Precisamos de estar ao corrente do que se está a passar no mundo e de dar o nosso contributo, como se não houvesse tempo e distância entre vizinhos.

Vá e ajude. Vá e cure. Vá e ame.

Eu amo este homem que passou pelo nosso planeta há 2000 anos atrás e que fez coisas extraordinárias – curou os doentes, caminhou sobre a água, devolveu a visão aos cegos. Pode acreditar ou não, mas estas são as histórias que se contam dele. Este homem disse, 'Se acreditares, podes fazer coisas mais extraordinárias do que aquelas que eu fiz'.

Se acreditar nessas palavras, poderá fazer coisas mais extraordinárias do que aquelas que Jesus fez. Isto mostra humildade, amor e confiança no ser humano, na força humana que trazemos connosco. Podemos fazer algo mais relevante do que aquilo que os profe-

'Eu amo este homem que passou pelo nosso planeta há 2000 anos atrás e que fez coisas extraordinárias.'

Sami Awad

tas sagrados fizeram, se acreditarmos nisso. E essa é a principal questão. Em que é que eu acredito? Em que é que você acredita? Qual é a minha melhor característica? Qual é a sua melhor característica? O que é que nos une? O que é que nos permite mudar o mundo?

As respostas a todas estas perguntas conduzem-nos a esta força que trazemos dentro de nós. Esta é a força que move montanhas. Esta é a força do amor.

Rojava: Uma Utopia Real Junto a uma Guerra Desumana?

Hovan Ibrahim, Rojava/Síria

Com a retirada das forças do governo Sírio das regiões nortenhas, predominantemente ocupadas pelos Curdos, em 2012, um novo sistema político nasceu: a 'Federação Democrática do Norte da Síria' ou simplesmente 'Rojava'.

Inspirada pelos ideais do comunalismo, promovidos pelo líder aprisionado do PKK, Abdullah Öcalan, e do falecido filósofo americano Murray Bookchin, conta com cerca de 2 milhões de pessoas de etnias diferentes a desenvolver uma alternativa em Rojava ao capitalismo autoritário de um estado-nação. Este modelo é baseado na democracia de base, auto-governação, empoderamento das mulheres, proteção ambiental e respeito pela diversidade religiosa, cultural e política.

Hovan Ibrahim é um engenheiro ambiental e Presidente do movimento juvenil de Rojava. Devido às normas restritas de atribuição de visto a portadores de passaporte Sírio por parte dos estados Europeus, não pôde marcar presença no encontro Defender o Sagrado de 2018. Por isso, é para nós tão importante a integração e amplificação da sua voz nesta obra, dentro deste espírito comunitário global emergente.

O que significa dizer que a revolução de Rojava é uma revolução das mulheres?

As mulheres estão presentes em todas as áreas da sociedade na Síria do Norte, apesar das ameaças dos grupos religiosos extremistas e do patriarcado tradicional. A Constituição dos Cantões de Rojava dita que as mulheres devem corresponder a, pelo menos, 40% de qualquer órgão eleito, e que tem de haver uma co-liderança entre um homem e uma mulher nos cargos mais importantes – excetuando as assembleias exclusivas a mulheres.

Para lidar com os casos de violência doméstica, foram criadas 'casas de mulheres' para refúgio e reflexão de mulheres em tal situação. Comités económicos de mulheres foram formados para permitir a sua participação direta na economia cooperativa. Na YPJ* as mulheres derrotaram, sem ajuda externa, grupos do Estado Islâmico, os quais

* YPJ é um acrónimo para 'Yekîneyên Parastina Jin', cuja tradução significa 'Unidades de Proteção das Mulheres'. É a brigada totalmente composta por mulheres do YPG que compõe as forças armadas da região síria do Curdistão, conhecida como 'Rojava' ou Curdistão Ocidental.

procuravam escravizar todas as mulheres da região. As mulheres de Rojava enfrentaram o terrorismo em todas as frentes, derrotando estes grupos com força militar e através do trabalho na sociedade civil, reduzindo drasticamente os níveis de violência patriarcal até então sentidos.

Ao contrário do que acontece noutros lugares do mundo, onde a representação feminina nos corpos governamentais não consegue resolver os problemas que afetam as mulheres nessas sociedades, a auto-organização das mulheres em Rojava impactou positiva e diretamente o seu estatuto na sociedade. Este grupo tem-se mostrado capaz de agir coletivamente e de construir uma força política e social que beneficie todas as mulheres. Não se trata de estarem meramente representadas em estruturas de poder dominadas pelos homens, mas de criarem estruturas políticas próprias que lutem pelos seus direitos e que tragam uma mudança sistémica em prol de todas as mulheres.

Por força da opressão ecológica do governo Sírio sobre a região de Rojava, a autoadministração democrática teve que tomar várias medidas para reestabelecer o equilíbrio ecológico local. Atualmente, novas árvores são plantadas em áreas banidas pelo governo Sírio e a produção agrícola serve as comunidades locais – ao invés de ser exportada para outras regiões do país e em detrimento da nossa população. Sistemas opressivos e hierárquicos resultam na devastação ecológica.

'A agitação em nós, adultos, começa com a traição dos nossos sonhos de criança. Estes sonhos são desejos sagrados e pacíficos. É nossa tarefa sermos fiéis a estes.'

Abdullah Öcalan

O nosso sistema democrático e pluralista defende a preservação do ambiente como uma prioridade.

O autoritarismo, a guerra e o terrorismo arrasaram a nossa economia. Sob o governo Sírio, o potencial económico de Rojava foi explorado para servir outras áreas do país e para melhor controlar a população Curda. Desde o início da guerra que temos sido encurralados pelo governo Turco, pelo governo regional Curdo do Iraque e por grupos terroristas sírios, limitando as nossas trocas comerciais. Baseamos a nossa economia nos princípios da autossuficiência e da igualdade, assegurando assim que temos os recursos necessários para defender e alimentar o nosso povo. Em vez de instaurarmos um sistema económico permeável à corrupção e à desigualdade, criámos um modelo onde todos podem participar e beneficiar dele.

O sistema democrático de Rojava molda a base para os avanços sociais e económicos aos quais nos referimos. Olhando para os erros do autoritarismo, do islamismo e do nacionalismo vigentes no Médio Oriente, procurámos adotar uma alternativa.

Todos estes sistemas – os quais oprimem o seu povo – priorizam o poder de um reduzido número de indivíduos sobre o bem-estar da população. Nós entendemos que a melhor via para um futuro sustentável e democrático não está na tomada de decisões aplicáveis a toda uma nação por parte deste grupo de indivíduos, mas na habilidade do povo de uma região se reunir e determinar, por meios democráticos, quais as decisões a tomar com vista às necessidades locais.

Protegemos os direitos das minorias étnicas e religiosas, sem permitir que qualquer grupo étnico ou religioso atue com superioridade sobre outros. Somos da opinião que um governador não pode chegar às diferentes comunidades que habitam a Síria desde uma perspetiva única.

Desde cooperativas económicas a organizações femininas, de conselhos locais à nossa assembleia nacional, possibilitamos que todas as comunidades na Síria possam governar-se a si mesmas.

Em Rojava, cada comuna, município, cidade e região elege um conselho. Estes conselhos tomam as decisões respeitantes aos assuntos locais. Níveis mais altos de governação tomam decisões que afetam todas as regiões, mas nós procuramos descentralizar ao máximo a governação, respeitando os princípios do confederalismo democrático.

A vitória sobre o Estado Islâmico deu-nos a oportunidade de pôr esta ideologia em prática, assegurando que o terrorismo e o fascismo não têm lugar nesta região. Rojava enfrentou o Estado Islâmico sozinha, antes da chegada das maiores potências internacionais. E, ao contrário destas, nós em Rojava preparámo-nos para lidar com as consequências da guerra, com o ataque posterior do Estado Islâmico e de outros grupos terroristas na tentativa de conquistarem território. Deste modo, não só nos focamos em combater o terrorismo, mas também em erradicar da região as ideologias e as condições materiais que o alimentam.

A REVOLUÇÃO FEMININA

Um Novo Poder Feminino...

...não é direcionado contra os homens
ou contra o seu amor,
mas deixa definitivamente de parte
as estruturas masculinas que contribuíram
à destruição da vida e do amor universal.
Cabe agora às mulheres aceitar
as responsabilidades políticas e sexuais
que nos foram negadas por tanto tempo.
Convidamos todos os homens dedicados a juntarem-se ao
nosso trabalho de paz.

Sabine Lichtenfels

Sexualidade Feminina é uma Força Sagrada Vital

Monique Wilson, Filipinas

Atriz e cantora das Filipinas, Monique Wilson trouxe aos palcos de vários países asiáticos o espetáculo 'Vagina Monologues' ('Monólogos da Vagina'), de Eve Ensler, há 20 anos atrás. A partir desta experiência, tornou-se uma activista pelos direitos das mulheres. Nos últimos sete anos, tem sido a coordenadora geral do movimento 'One Billion Rising', um movimento de mulheres que junta vários milhões de pessoas em mais de 200 países através de 'flash mobs' artísticos, dançando pelo fim da violência contra mulheres de todas as idades – e, cada vez mais, pela proteção da Mãe Terra.

As experiências que tive no encontro 'Defender o Sagrado' do ano passado mudaram-me enquanto pessoa. No nosso movimento feminino, até então estávamos relutantes a usar palavras como 'o sagrado' ou 'amor', tínhamos receio de não sermos levadas a sério. Mas hoje sei que não seremos verdadeiramente capazes de alcançar o que quer que seja se não abrirmos os nossos corações.

Recebemos diariamente denúncias de violação, muitas delas histórias terríveis. Face a tudo isto, culpabilizava os homens de tudo o que de mau ocorria. Mas quando, no ano passado, conheci homens tão generosos e de bom coração, soube logo que a solução estaria em convidarmos mais homens a fazer parte do nosso movimento. Foi o que fizemos, e são hoje muitos mais os homens que caminham connosco. Assim que se apercebem que queremos que se juntem a nós, respondem 'Claro que amamos as nossas mães, esposas e filhas, e claro que as queremos proteger e apoiar'.

Há já muito tempo que queríamos incluir o tema da violência contra a Mãe Terra e a Natureza no nosso movimento. Muitas das senhoras diziam, 'Temos de endereçar o tema da violação em primeiro lugar, só depois devemos preocuparmo-nos com outras questões'. No entanto, hoje em dia entendemos cada vez melhor a ligação entre a cura da Mãe Terra e a cura da nossa sexualidade.

Sexo é um direito da mulher. Ter prazer é um direito da mulher. Ter liberdade com o seu corpo, sem medo de perseguição ou agressão, é um direito da mulher. Ter liberdade para se mostrar sexualmente é um direito da mulher. E vamos mais longe: a sexualidade é uma força vital essencial.

As mulheres viveram demasiado tempo com visões tão redutoras de si mesmas. Desde tenra idade que aprendemos a sentirmo-nos envergonhadas, a disfarçar-nos, a adaptarmos os nossos corpos a normas exteriores – isto é, não comer demasiado, ter sempre um sorriso amigável no rosto, reprimir a nossa raiva. Interiorizámos ditas normas ao longo dos séculos e permitimos que elas se extrapolassem para as nossas culturas e instituições políticas. Mas hoje testemunhamos o crescimento dos movimentos de mulheres. Nós, mulheres, estamos a começar a despertar uma memória gravada no nosso passado onde expressávamos livremente a nossa natureza sexual.

Na cultura indígena tradicional das Filipinas haviam mulheres xamãs e líderes chamadas de babaylan. Uma babaylan era uma sacerdotisa, mas também uma guerreira, curandeira, educadora e artista. Podem imaginar como as babaylan sobreviveram aos colonizadores espanhóis! Com o objetivo de conquistarem a terra, os colonizadores começaram a desprestigiar as babaylan, a persegui-las e a matá-las. Foi a verdadeira 'caça às bruxas' daqueles tempos.

Enquanto mulheres, não só devemos lutar pelos nossos direitos públicos de hoje, como devemos fazer um esforço para voltarmos a aceder a essas memórias passadas. O poder da babaylan está ainda presente na memória dos nossos corpos. Recordaremos o poder de curar, de ensinar, de criar e de liderar. Esta memória tem reaparecido em muitas outras culturas. Grande parte desta é a força vital sexual que possuímos. Não acredito que possamos ter sucesso sem curar a nossa sexuali-

'O Patriarcado impôs o paradigma do capitalismo às mulheres e ensinou-as a competir entre elas. Nós, mulheres, temos de o reconhecer e unirmo-nos novamente.'

Monique Wilson

dade. Se continuarmos a deixar a nossa sexualidade de lado, ela não encontrará o seu lugar e o seu reconhecimento na sociedade e no mundo. Por isso é que nos devemos focar primeiramente no renascimento da nossa sexualidade.

Não podemos separar a nossa luta pelo ambiente e pela Terra da nossa luta pela libertação sexual. Se considerarmos o planeta como um corpo, não serão as ações de fraturamento, perfuração ou mineração atos de violação sobre a Terra? As mulheres são violadas e magoadas com a mesma agressividade, e tratadas com o mesmo desrespeito. O sistema atual governa e controla as mulheres tal como o faz com a Terra. Eu acredito que a libertação e emancipação das mulheres conduzirá a uma ressurreição da sua sexualidade, e esta ressurreição é uma parte muito significativa do sagrado que defendemos.

Como seria o mundo se as mulheres vivessem com este poder? Se a sua vitalidade sexual não mais tivesse de ser contida? Se compreendermos a nossa sexualidade e o seu caráter sagrado, tal entendimento alimentará as nossas ações.

Em primeiro lugar, quando recuperarmos toda a nossa força vital, poderemos usar os nossos corpos para proteger a natureza, a qual é ameaçada de destruição pelas empresas de exploração petrolífera e mineira. Se conhecermos o sagrado em nós, então poderemos defender o sagrado no mundo. Há ainda muito trabalho a fazer e muito tem que ver com reencontrar o prazer e a alegria de viver. Depois de vinte anos de activismo, vejo a influência do patriarcado em dois aspetos-chave: Um, alienou o homem do seu coração e transformou as suas lágrimas em balas. O grande desafio que os homens enfrentam atualmente é o de reconectar com os seus corações, para que sintam compaixão e amor.

Dois, separou a união original das mulheres. Tal como separou nações e culturas, também as voltou umas contra as outras. Ele impôs o paradigma do capitalismo às mulheres e ensinou-as a competir entre elas. Nós, mulheres, temos de o reconhecer e, em vez de competirmos entre nós, devemos unir-nos novamente. Ultrapassar a separação pode ser doloroso, mas temos que pensar naquilo que outrora nos separou. Por vezes foram questões pessoais íntimas, tais como o ciúme e o medo de não sermos ouvidas.

No nosso movimento 'One Billion Rising', vivencio a grande força da solidariedade entre mulheres. Nós apoiamo-nos umas às outras. Quando uma mulher 'ressuscita' entre nós, todas nós 'ressuscitamos'. Se uma de nós se liberta interiormente, todas nós nos libertamos. Mas fora do movimento, vemos como as mulheres ainda vivem separadas umas das outras. Os sistemas políticos existentes necessitam desta separação para manter o status quo e, consequentemente, o seu poder. A recusa das mulheres em se unirem fortalece este sistema e é por isso que é crucial a solidariedade entre os seres do sexo feminino.

O Coração da Terra

Ati Quigua, Colômbia

Ati Quigua, também conhecida como 'A Mãe dos Bons Pensamentos', é líder da tribo Iku (Arhuaco) das montanhas de Sierra Nevada de Santa Marta na Colômbia. Ela é pacifista e ambientalista com estudos universitários em Ciências Políticas. Foi uma das primeiras mulheres indígenas a ser eleita para a direção administrativa de Bogotá D.C., onde desempenhou funções entre 2004 e 2011. Em 2018, candidatou-se ao senato Colombiano.

Há séculos que os indígenas de Arhuaco se dedicam à proteção do ambiente e ao registo do conhecimento adquirido. Eles chamam a sua terra de 'O Coração da Terra'. Em Agosto de 2018, o presidente colombiano Santos assinou um decreto que protege as tribos indígenas da Sierra Nevada de Santa Marta. A área protegida está delimitada pela Linea Negra (linha preta), a qual forma um círculo que inclui todos os lugares sagrados no sopé das montanhas, e que marca o território original de quatro tribos indígenas – Kogi, Arhuaco, Wiwa e Kankuano.

Gostaria de começar com uma oração que desejo que se torne numa oração da nossa família global.

'Somos um com a água, com a terra, com o ar, com o sol, com os pensamentos, com o coração, com o espírito, com o corpo. Somos um com as plantas, os animais, os minerais e a diversidade da humanidade. Abraçamos tudo isto com os nossos corações e dizemos, *uni dawa-wa*. Para a eternidade. Gratos por este tempo e por este espaço.'

Não se trata da minha visão pessoal, mas da visão de mais de 100,000 pessoas que vivem na Sierra Nevada de Santa Marta, O Coração da Terra. Eu sou parte dos Guardiões da Água nas montanhas sagradas de Sierra Nevada. Honro os Guardiões das Sementes, os Guardiões do Conhecimento e todos os Guardiões do Sagrado na Terra. Honro igualmente o conhecimento Indígena ancestral vindo dos outros continentes, onde quer que se mantenha vivo.

Eu acho que as mulheres não só trazem as crianças ao mundo, mas também a visão de uma nova Terra. A maternidade é muito mais do que um fenómeno biológico. O coração da Mãe bate sincronizadamente com o coração do bebé, a sua temperatura corporal varia de acordo com as necessidades do ser que carrega no ventre. A amamentação não é um simples ato de nutrição, mas o lugar onde a criança se sente emocionalmente protegida durante o seu crescimento. Tais aspetos da maternidade também devem ser incluídos na base desta nova cultura, que pretende curar a ligação do ser humano com a Mãe Terra.

Nas sociedades contemporâneas, o aspeto feminino está praticamente ausente. Ao longo da história, o conhecimento feminino tem sido virtualmente erradicado. Felizmente, começamos a tomar consciência deste acontecimento em vários lugares do mundo e a relembrar o conhecimento feminino original sobre a vida. Necessitamos da memória deste conhecimento e precisamos de escolas que o transmitam.

O planeta Terra é um organismo vivo, não o podemos dividir. Recentemente, as autoridades políticas da Colômbia queriam dividir a nossa terra. Fomos contra a sua posição e acabámos premiados com o reconhecimento da nossa terra como terra sagrada. Este é um sucesso político e espiritual enorme. A Colômbia existe há 200 anos, mas nós vivemos nestas terras há mais de 12,000 anos. Cada país tem uma história longínqua, incluindo os europeus, e parte da nossa tarefa enquanto activistas é de nos relembrarmos da nossa própria história. E para isso temos de aprender com os acontecimentos dos últimos 300 anos. O sistema vigente de exploração das pessoas e da Terra é baseado num esquema hierárquico e piramidal. Mas quando todas as tribos reconquistarem as suas posições no círculo, todas se reconhecerão umas às outras. Devemos redescobrir a memória profunda e sagrada das nações para com a sua

> *'Diversidade entre as pessoas cria paz. Diversidade na natureza cria sustentabilidade.'*
>
> *Ati Quigua*

terra e o planeta. Nós temos uma escolha: ou continuamos no caminho da autodestruição ou escolhemos o nascimento de uma nova consciência que respeita a Terra e toda a vida.

Outra das nossas funções enquanto activistas é a cura. Há tanto para curar, até dentro de nós, se queremos criar paz. A ferida mais profunda do ser humano é a ferida no amor. Para que ela não se abra novamente, construímos uma maneira errada de nos relacionarmos com os outros. Atualmente, as pessoas estão tristes e solitárias. Não há amor. Toda a destruição e violência resultam da falta de amor nas nossas relações. Precisamos não apenas de escolas de conhecimento feminino, mas também de escolas para uma vida erótica diferente e para a cura do amor. O amor ensina-nos a estarmos recetivos à nossa relação com a Terra, com o sol e com os outros.

Quando visitei a Europa pela primeira vez, chorei imenso. Uma ferida histórica e existencial profunda abriu-se dentro de mim. Eu acredito que cada pessoa que chega a este círculo sagrado deve ter tempo e espaço para chorar e para curar as suas feridas históricas. Escravatura, guerra ... tudo isto precisa de cura. Somente depois poderemos falar todos sobre o futuro. O nosso movimento deve ser um movimento alegre. Temos de redescobrir a alegria e trazer o amor de volta às nossas vidas – o poder curativo e a energia que queremos dar ao mundo. Se não passarmos por esse processo de cura, seremos um movimento de pessoas tristes que estão em sofrimento. Não se trata apenas da cura de indivíduos, mas sim da cura da humanidade como um todo. Qualquer activista que quer defender o sagrado deve questionar-se a si mesmo/a: 'Onde estou? Como estou eu ligado/a a todas as situações difíceis que vivemos? Como posso trabalhar nisso?'

Todas as perguntas nos remetem para a nossa relação com a Terra. Há 7000 anos que o espírito sagrado da Mãe Terra é constantemente negado. Para fazermos regressar o espírito do sagrado, devemos procurar a memória sagrada das sementes. Quando provamos as sementes das plantas sagradas, entramos em contacto com 10,000 anos da sua história. Foram as mulheres que colheram e cultivaram estas sementes há 10,000 anos atrás. Foi assim que a agricultura, a primeira cultura à face da Terra, teve origem e foi esta cultura que permitiu aos seres humanos instalarem-se, deixando o nomadismo. Este é um aspeto especial das nossas vidas ao qual não prestamos a devida atenção. Em vez disso, a nossa literatura histórica está repleta de guerras e destruição.

A Terra tem sido profanada pelo Homem, que a possui como se de um objeto ou de uma mera coisa se tratasse. Nós, povos indígenas, não acreditamos que alguém possa possuir a Terra. A terra não é nossa propriedade. 'Propriedade' não passa de um conceito intelectual que, supostamente, faz as pessoas sentirem-se seguras. Mas a verdade é totalmente o oposto. Nós, seres humanos, pertencemos à Mãe Terra, juntamente com todos os demais seres. Faz parte da tradição, da alma e da consciência social dos povos indígenas que todos os seres e todas as espécies tenham o direito natural a viver e a serem protegidos. Nenhum ser, governo ou instituição tem a autoridade de negar o direito sagrado à vida a qualquer outro ser. Temos de honrar e voltar a estudar ditas leis tradicionais. As leis do mundo contemporâneo são androcêntricas, patriarcais, capitalistas, materialistas, individualistas, racistas e violentas, as quais justificam leis desconectadas da fonte da vida, como a posse, a exploração e a violência.

Nós trabalhamos para uma visão de um mundo justo, sustentável e pacífico. Queremos introduzir uma nova 'nação' para pessoas que querem tomar posição pelos seus direitos, que querem ser criativas, que se preocupam com o ambiente e que respeitam a natureza e a vida. Estas pessoas devem aprender a cooperar entre elas e a iniciar processos durante os seus encontros que deem origem a um novo tipo de liderança: circular, cooperativa, partilhada e feminina. Precisam também de escolas que as ajudem a falar novamente em público.

A paz necessita de uma nova economia baseada na economia da natureza. A Natureza rege-se por uma economia de abundância, onde a ideia de escassez não existe. Devemos também considerar e aprender da economia Indígena, ou economia de subsistência. Não podemos continuar a sacrificar as economias da natureza e de subsistência de acordo com as leis do mercado.

Deste modo, é importante partilharmos os mesmos valores para este novo movimento. O valor que gostaria de priorizar é o da proteção da diversidade cultural e da natureza. Diversidade entre as pessoas cria paz. Diversidade na natureza cria sustentabilidade. A grande força do ser humano é a sua consciência e a sua capacidade de tomar decisões conscientes. Podemos libertar os nossos poderes de criatividade ilimitada para proteger a Terra, respeitar e cuidar da vida, para a sustentabilidade e coerência com a natureza. Façamos uso desses poderes!

Projetos de Mulheres - Invertendo o Êxodo Rural. O Exemplo de Tiyeda Abalah, Togo

Reportagem de Leila Dregger

Após completar o curso de Literatura na Sorbonne em Paris, França, há 30 anos atrás, Tiyeda Abalah (56 anos, Togo) e o seu marido Séda mudaram-se para a aldeia natal deste, Baga.

Na altura, Baga era uma área seca na fronteira com o deserto. A produtividade dos solos era cada vez menor e o número de pessoas a abandonar a aldeia era crescente. Pouco depois da sua chegada, iniciaram um projeto de mulheres, uma escola de base para agricultura biológica e programas focados na economia, reflorestação e água, e um banco comunitário – trazendo de volta a vida e a prosperidade a Baga.

Perante o êxodo rural massivo, que mobiliza anualmente cerca de 17 milhões de africanos para as cidades, este exemplo singular mostra que o futuro do continente está igualmente nas mãos das mulheres.

Durante a última conferência da GEN África, o projeto CIDAP, em Baga, foi eleito 'Ecovila do Ano'.

Um vídeo magnífico sobre o CIDAP: 'The Dancing Forest' ('A Floresta Dançante') pode ser encomendado aqui:
www.thedancingforest.com

'A África tornar-se-á independente', afirma Tiyeda 'quando os intelectuais do continente se ligarem às suas origens; quando os académicos, em vez de procurarem trabalhos de colarinho branco, investirem na partilha do seu conhecimento e em melhorar a vida das pessoas nas suas aldeias natal.'

É difícil de resistir a Tiyeda Abalah. A maneira como combina factos preocupantes numa história colorida, regulando com maestria o tom e o volume da voz, permite-lhe conduzir o fascinado público às suas conclusões: 'As mulheres podem conseguir o respeito dos homens quando têm conhecimento' ou 'os intelectuais têm de se ligar às suas origens' ou 'a Desertificação pode ser revertida ... Água é Vida'.

As palavras de Tiyeda trazem luz a Baga e, mais significativamente, às histórias das mulheres de Baga que aprenderam a tomar as rédeas do seu destino. A própria Tiyeda aprendeu essa lição bem cedo na sua vida. O seu talento para as línguas desde criança salvou-lhe a vida. Teve a bênção de ter ido viver com os seus familiares para o Gana, frequentando a escola e aprendendo Inglês. Ao regressar ao Togo, conheceu o seu futuro marido – Séda – e viajou com ele para França.

Enquanto ele estudava Direito Internacional na Universidade de Toulouse, Tiyeda frequentava o curso de Literatura na Sorbonne, Paris. Durante esse período, cuidava dos dois filhos e visitava o marido duas vezes por semana. A Séda foi-lhe atribuído uma bolsa de doutoramento, a qual ele não aceitou por não lhe trazer a satisfação que esperava. De acordo com Tiyeda, 'Tal não se alterou quando regressámos ao Togo. Ele não queria ser advogado, porque acreditava que um trabalho de colarinho branco era algo muito distante da realidade. Os anos na Europa fizeram-no sentir saudades de casa, de tocar o solo da sua aldeia. Ele decidiu mostrar à família e aos vizinhos que era possível ter uma vida digna no campo'.

Mas Baga não era mais a aldeia da sua juventude. As áreas que outrora tinham solos ricos e diversidade vegetal estavam agora desertas. As florestas e os rios desapareceram, as quintas viraram ruínas, o deserto consumiu a aldeia. Os jovens que tinham um plano para as suas vidas mudaram-se para as cidades. As pessoas locais tampouco recebiam os académicos de braços abertos. A sua decisão não agradou aos familiares e aos vizinhos, que preferiam vê-los ricos e com trabalhos 'prestigiosos' na cidade, para que se pudessem sentir orgulhosos deles. Tiyeda e Séda não se deixaram desencorajar e compraram alguns hectares de terreno. 'Eu juro que eram os terrenos mais pobres de toda a região', explica Tiyeda. 'A aridez era extrema devido aos sete meses da estação seca, nenhum arbusto crescia ali. Mas era exatamente isso que pretendíamos: mostrar às pessoas como era possível viver com solos tão pobres, e criar prosperidade e abundância a partir deles.'

No começo trabalharam só os dois, trocando o computador e a secretária pela pá e a enxada. Lavraram os terrenos com bois, semearam cereais, criaram hortas, plantaram pomares, escavaram valas de irrigação e usaram estrume de vaca e cabra em vez de fertilizantes artificiais. O casal introduziu técnicas modernas de agricultura biológica numa área onde, durante décadas, os agricultores haviam sido pressionados a utilizar fertilizantes químicos e a cultivar em monoculturas. As mulheres da aldeia não podiam mais ficar de braços cruzados e começaram a ajudar. E este foi o início de uma cooperação que ainda hoje se mantém, caracterizada por uma aprendizagem mútua onde o conhecimento moderno e as habilidades tradicionais locais se fundem. O CIDAP (Centre International de Développement Agro-Pastoral) [Centro Internacional de Desenvolvimento Agropastoril] cresceu ao longo dos anos, contando hoje com mais de 1000 membros.

São especialmente as mulheres que tiram maior benefício das melhorias conseguidas, pois são tipicamente elas quem mais sofre com a pobreza consequente das alterações climáticas. Tiyeda: 'A maioria dos homens do campo pensam que as crianças pertencem às mulheres. Muitos deles não aguentam a pobreza, a fome, o choro das crianças, e abandonam as suas famílias. São elas que ficam responsáveis pela difícil tarefa de alimentar e tomar conta das crianças'. Através do CIDAP, têm agora acesso a conhecimento e apoio que lhes possibilita uma vida melhor. 'Em troca, aprendemos muito com as mulheres. Elas ensinam-nos e mostram-nos rituais tradicionais, danças e canções com milénios de história. O Colonialismo abafou as tradições com técnicas modernas, cortando as raízes culturais às pessoas, destruindo a sua autoconfiança e, consequentemente, fazendo delas cidadãos governáveis. Sempre foi nossa intenção conectar os conhecimentos moderno e Indígena – para mim, formam a base da verdadeira autonomia.'

Deste modo, o CIDAP proporciona algo que parecia perdido no seio da aldeia: o espírito comunitário. As técnicas e práticas têm provado ser uma mais-valia e as mulheres que colaboraram com o CIDAP também as aplicam nas suas casas. Com o avançar do tempo, a situação em Baga mudou. A maioria dos homens reconheceu o progresso durante uma reunião da aldeia. Importante referir que, até então, os homens falavam e as mulheres escutavam. Não que fosse particularmente uma ofensa as mulheres falarem, mas nunca se sentiram valorizadas fora das suas casas para que tivessem uma palavra a dizer. Durante esta reunião, os homens comentavam o tema da desertificação e que pouco ou nada havia a fazer. Até que uma mulher os contradisse, 'Quando arbustos e árvores crescem num terreno, as suas folhas dão sombra e ajudam a que novo solo surja. A água acumula, o solo torna-se fértil e o sorgo cresce novamente'. Alguns homens mostraram-se duvidosos, enquanto outros ficaram curiosos. As mulheres não aparentavam tão pobres e cansadas como anteriormente e as crianças pareciam bem nutridas. Afinal ela saberia do que estava a falar. As pessoas perguntaram quem ela era, a quem pertencia e onde aprendera esse conhecimento. Tiyeda recorda, 'O seu marido, que não a respeitara até então, estava orgulhoso da sua intervenção. A partir desse dia, passou mais tempo em casa e ajudou a trabalhar nas terras. E assim o CIDAP começou a ser falado e conhecido como um lugar onde as mulheres aprendem algo de positivo para as suas vidas. Mais mulheres se juntaram e o centro cresceu'.

Com cada vez mais mulheres a produzirem o suficiente para serem capazes de vender alguns excedentes, estas foram confrontadas com outro nível de discriminação: a política de preços por parte dos negociantes. 'Quando o milho estava maduro e as mulheres queriam vendê-lo, aperceberam-se que o preço de venda tinha baixado. Os negociantes sabiam da sua necessidade de dinheiro imediato e, portanto, reduziram o preço de compra. Por outro lado, quando estas queriam comprar utensílios, sementes ou outros materiais, deparavam-se com uma subida exponencial do preço destes produtos. Não tinham outra escolha - por venderem por conta própria, estavam dependentes dos negociantes'. Foi então que Tiyeda e Séda sugeriram uma solução simples e eficaz: um banco comunitário. Cada habitante de Baga poderia tornar-se membro do banco através de uma pequena taxa para cobrir despesas administrativas, tendo a possibilidade de depositar ou levantar dinheiro em qualquer momento. A partir daquele dia, as mulheres podiam vender, comprar ou esperar por uma melhoria dos preços, e apoiar-se mutuamente quando uma delas necessitava de ajuda. Não se tratam de pequenos empréstimos, mas de uma estratégia para acabar com as dívidas.

Tiyeda: 'Algumas delas lucram ao vender o tofu no mercado, depois de comprarem a soja a um preço baixo. Esse lucro é depositado novamente no banco. Outras compram frutos de casca dura e óleo para produzirem sabão biológico'. Em pouco tempo, as mulheres de Baga ficaram com uma grande variedade de produtos, entre eles compotas e frutos secos, os quais vendiam nos mercados regionais. A pobreza deixou de atingir Baga.

Inspirado no sucesso até então obtido, o CIDAP abriu uma escola oficial para agricultura biológica e contabilidade, empregando professores e educando-os com o conhecimento específico de Baga. Mulheres, homens e jovens das aldeias e cidades vizinhas com-

111

pletaram os nossos programas educativos. Deste modo, Tiyeda e Séda esperam tornar a agricultura numa atividade aliciante para os jovens que abandonaram a pobreza e o trabalho árduo das cidades.

Nenhuma organização humanitária poderia ter conseguido aquilo que Tiyeda e Séda concretizaram em Baga, e em nenhum momento as pessoas foram forçadas a seguir qualquer diretriz. O importante não é a ajuda externa, mas o ativar do potencial inerente nas pessoas e nas suas terras – e ligá-lo criteriosamente com as técnicas modernas. O exemplo dado em Baga – de autoajuda e construção de comunidade – serve de modelo a 'países em desenvolvimento' e não só. Na-

ções industrializadas também podem prosperar e resolver muitos dos seus problemas se utilizarem os ditos princípios. Em tempos de crise ecológica e económica global, são as soluções descentralizadas, desenvolvidas por pessoas empenhadas no terreno e partilhadas globalmente, que têm a maior probabilidade de sucesso. A Global Ecovillage Network é uma associação internacional que apoia vários milhares de iniciativas descentralizadas para a sustentabilidade social e ecológica, e que partilha globalmente o conhecimento e as habilidades desenvolvidas nestas. Em 2013, o CIDAP foi eleito Ecovila do Ano pela GEN África.

RECUPERANDO A CONSCIÊNCIA FEMININA

Iris Lican, Portugal

Artista, autora e activista, Iris Lican é cofundadora da Feminine Consciousness ('Consciência Feminina'), uma equipa que foca o trabalho de cura com e através da Terra, que pretende divulgar informação e iniciar as pessoas na prática de terapias holísticas, arte, saúde, nutrição, nascimento e morte. Estudou danças rituais, contemporâneas e tradicionais de mulheres do Médio Oriente e do Norte de África, e ensinou em vários países. Enquanto activista, centra o seu trabalho na sustentabilidade ecológica, na reflorestação, na educação humanista e no parto humanizado.

Nasci em Portugal no ano de 1981. Até à revolução de 1974, muitas pessoas no meu país passavam fome ou viviam em condições de extrema pobreza. Enquanto o movimento hippie, após 1968, difundia o lema 'make love, not war' ('faça amor, não faça guerra') e proclamava o amor livre noutros países, as mulheres portuguesas eram ainda propriedade dos seus pais e maridos. A violação no casamento e a violência doméstica eram legais, e a minha madrinha ainda lia livros de como se tornar uma 'verdadeira' dona de casa.

Quero partilhar convosco parte da minha história familiar, e apesar de ser só uma história, retrata experiências que são conhecidas de muitas outras famílias neste país.

Quando a minha avó tinha 5 anos de idade, foi dada a outra família para trabalhar porque a sua mãe não tinha como sustentar todos os filhos. O seu pai tinha ido trabalhar ilegalmente para França, mas criou uma nova família lá, deixando de apoiar a sua esposa e filhos em Portugal e nunca regressando. Cinco dos seus sete irmãos sobreviveram. A minha avó teve de trabalhar para poder comer, e uns anos mais tarde, enviou o pouco dinheiro que poupara para a sua mãe e irmãos. Engravidou do filho do seu patrão e teve o seu primeiro filho aos 19 anos. Ela não sabe como tal aconteceu, por nunca ninguém lho dissera.

Deixou o seu trabalho, pegou na criança e rumou a Lisboa, onde começou a trabalhar como varina. Acordava às três da manhã, deslocava-se até ao porto, enchia a cesta com peixe fresco e caminhava todo o dia pela cidade para vender. Eram cerca de 30km diariamente, descalça. Era uma vida dura, mas conseguiu a sua independência económica. Uns anos mais tarde, conheceu o meu avô e casou com ele.

O amor pela liberdade sempre esteve presente na minha família, mas também a violência, o alcoolismo e o trabalho árduo. O meu irmão morreu à nascença, exatamente um mês antes da Revolução dos Cravos de 1974. O dia da revolução colocou um fim na mais longa ditadura feudal na Europa. Foi um dia de muito medo e esperança. Esta é também a minha herança: muito medo e esperança.

A minha geração foi a primeira a quem foi permitido o divórcio, a primeira onde todas as pessoas tiveram acesso à educação. De uma assentada, as culturas dos anos 60 e 70 chegaram ao nosso país, trazendo consigo uma mistura de hippie, punk e grunge. Foi demasiado.

Fui a primeira mulher na família a decidir livremente algumas questões pessoais importantes – o que quero fazer, quando e como ter a minha primeira experiência sexual, se quero ou não ter uma vida sexual fora do meu casamento e que normas culturais e morais quero seguir. Foi-me permitido questionar o Catolicismo e trazer de volta à consciência um conhecimento espiritual que foi mantido em segredo durante séculos, codificado apenas em símbolos e passado de geração em geração. Igualmente também significou um confronto com dúvidas existenciais profundas, colocando-me questões agonizantes sobre o que é a normalidade nos dias de hoje e o que esta deveria ser no futuro.

Tenho em mim reunido o legado de todos os meus antepassados: depressão, tentativa de suicídio, um desejo indomável por liberdade, criatividade selvagem e uma compaixão profunda que torna quase insuportável assistir à dor da minha família e da minha cultura.

Não tinha ideia do que fazer com isto e, de certa maneira, ainda não tenho. A ditadura foi o último capítulo de uma história de colonização que começou com a invasão dos Romanos. Quando finalmente sucumbe um antigo e longo sistema de violência e opressão, leva algum tempo às pessoas e à cultura para recuperar das suas consequências.

Sinto que ainda vivo no tempo em que a Inquisição roubou tantas vidas, como se de um ávido monstro se tratasse. Eu sou, verdadeiramente, a neta das bruxas que não foram queimadas na fogueira ou mortas nas câmaras de tortura da polícia política e religiosa.

Ainda estamos a trabalhar na questão da liberdade – todos nós, coletiva e individualmente. Os nossos espíritos e corações despedaçados são consequência destes sistemas de violência. Podemos escolher aceitar este legado, através do silêncio ou da morte, ou renascermos das cinzas como as fénix. Eu e muitos outros escolhemos a segunda opção.

Eu sei que o fogo não me queima porque eu sou a chama, eu sou o fogo – o fogo que aquece, cura, trata dos outros e lhes traz luz –, mas também o trovão destrutivo que se revolta contra tudo o que ameaça a vida. Eu vejo esta chama nos olhos e nos corações de muitas mulheres. Eu sei que aquelas cujos corações estão em chama entendem o que é sentir a dor dos outros como se fosse sua. Esta é a força que, desde os tempos antigos, permitiu às mulheres perseverar, manter-se unidas, partilhar o pouco pão de que dispunham, criar os filhos, chorar e rezar juntas.

Tudo o que passou deve ser recordado para que uma nova cultura de compaixão e equilíbrio seja criada.

Origens do Activismo Sagrado: Reconciliação Entre o Masculino e o Feminino

Pat McCabe, Turtle Island – EUA

Ao ser chamada à ação, mais pela Terra e pelo Espírito do que pelos acontecimentos globais, dei por mim imersa numa exploração profunda da minha própria Natureza, uma parte integral da busca por uma orientação nos dias de hoje. Enquanto mulher considerada indígena pelos norte-americanos, separada da minha cultura pelos diversos eventos que ocorreram ao longo da história desta terra, senti que tinha de questionar profundamente a realidade que me fora mostrada. Sendo mulher Nativa, o frequentar das aulas da disciplina de US Civics na escola secundária fez-me perceber que há várias versões da verdade – e a maioria delas não corresponde à realidade dos factos. Sentei-me com outras pessoas indígenas para escutar a nossa versão da verdade, como olhamos a realidade e como concebemos a vida. Entre as várias diferenças, a que mais curiosidade me suscitou foi a experiência da nossa conceção do género feminino. O facto de ter nascido mulher é significativo em qualquer cultura indígena que conheço. Ao voltar a trabalhar na cultura moderna, comecei a ver como a disfunção entre masculino e feminino, entre homem e mulher, está no cerne das muitas dificuldades que enfrentámos na história da humanidade.

A minha primeira lição daquilo a que chamo de 'Activismo Sagrado' foi o de desvendar e explorar a natureza desta disfunção.

Agora, perguntam vocês, como pode este aspeto integrar-se na esfera do activismo? Não será a catástrofe global iminente já suficientemente complexa sem esta fonte de problemas à mistura? Talvez. E, no entanto, a cultura ancestral – cultura que soube como viver num local com relativa saúde, harmonia e felicidade por períodos longos de tempos (um, dois, três ou mais milhares de anos) – diria que o último mundo foi destruído porque as Nações dos Homens e das Mulheres acreditavam que podiam viver uns sem os outros. E se presentemente podemos concordar que, enquanto espécie, faz sentido repensar quem somos ou, por outras palavras, 'renascermos de novo', então estaremos nós abertos à ideia que este 'renascimento' contradiz profundamente a habilidade humana da procriação?

A certa altura da minha exploração espiritual, enquanto debatendo sobre o meu envelhecimento enquanto mulher, questionei os meus professores, 'A que nos referimos verdadeiramente quando dizemos "feminino"? E o mesmo quando dizemos "masculino"?

Estas palavras carregam uma carga tão grande – se não fizéssemos uso destas palavras em particular, do que estaríamos nós a falar?'.

Eles responderam, 'É verdade, tu achas que sabes o que "feminino" quer dizer, mas não sabes. E achas que sabes o que "masculino" quer dizer, mas também não sabes. Tudo o que realmente sabes é como se comportam "masculino" e "feminino" quando inseridos num paradigma de dominação. Mas tal paradigma é uma entre muitas escolhas. E esses dois conceitos comportam-se de maneira muito diferente noutros paradigmas, os quais a humanidade reconhecia noutros tempos. Num paradigma de dominação, "a lei do mais forte" impera e aqueles com maior força bruta tomam os lugares de dominação, criando naturalmente uma estrutura piramidal na sociedade. É importante salientar que, mesmo que a violência física não esteja presente, qualquer pessoa que escolha poder sobre outra atua com violência, por ser essa a força subjacente à ação'.

Sagrado Feminino

Quando o activismo se torna muito complexo e confuso, eu recorro a isto: Tens de saber Quem tu és, Onde estás, e Como és. Quem sou eu, por um lado, sou uma fêmea da espécie humana. Porque vim eu à Terra nesta forma? Porque vimos todos, a esta Terra-Caminho da Vida, assim? O que significa e onde devo eu procurar o seu significado?

Por estar ligada a dois sistemas da humanidade ancestral, o Diné e o Lakota, naturalmente que investigo estes movimentos. Nestes posso tratar-me como Caminhante da Superfície da Terra Sagrada, Mensageira da Vida, Portadora da Vida. Nestes entendo que o meu propósito é um propósito de Vida Próspera que nos guiará no futuro, nas gerações seguintes, mas também na fecundidade de uma diversidade incalculável, tal como a própria Mãe Terra. Foi-me dito que a minha biologia dispõe de uma capacidade Espiritual que é capaz de estabelecer uma Co-criação e Cooperação profunda com a Terra, assim como com o Ventre do Cosmos, pelo que ela me enche com alimento e carinho ilimitados. Sou uma fonte de cuidado e generosidade na minha casa, na minha família, na minha comunidade e também no Cosmos. Nesta ligação com a Terra, atuo sempre como agente desta 'autoridade', defendendo a Vida e a Criação Sagrada de toda a natureza. Sou naturalmente uma sonhadora lúcida, sonhando com a Mãe Terra, recebendo suas instruções de como atuar, de como a minha comunidade pode continuar a ajustar-se e a seguir o Plano da Vida Próspera, de acordo com o sítio onde nos encontramos. Vejo menos como uma questão de Ponto A a Ponto B, mas mais como um movimento centrífugo, partindo do centro para a periferia, circular e evoluindo a cada revolução, com uma eficiência perfeita, verdadeira e profunda do mundo natural em meu redor.

Telhados de vidro, caça às bruxas, libertação, igualdade? Igual a quê, exatamente?

Sagrado Masculino

Descobri que ouvi muito pouco sobre a linguagem do Sagrado Masculino na minha vida. É como se não tivesse de ser falada, mas que pode ser captada ao testemunhar o que os homens fazem, e como o fazem. A equação Patriarcado = Masculinidade é muito comum nos nossos tempos. Mas se, e tal como referi anteriormente, apenas atentar como o masculino se comporta dentro de uma sistema muito particular - e especialmente num onde a violência implicada e literal são as suas modalidades primárias -, então o meu estudo deve ampliar-se a outras direções e aprofundar-se se quiser descobrir a verdade sobre "Quem sou eu" e o que é o Masculino relativamente ao Plano da Vida Próspera. Tem o Patriarcado inerente o conceito de violência? Tal como muitos referiram antes de mim, quando nós não temos palavras para algo, esse algo normalmente mantém-se indescritível ou mesmo invisível para nós. A minha principal forma de activismo no momento é a de tentar recordar a linguagem e a canção do Masculino no seu serviço à Vida.

Desde uma perspetiva dos sistemas humanos ancestrais, posso afirmar que há três papéis principais que parecem ser inerentes ao Sagrado Masculino, sendo que dois deles são o de Protetor da Vida e de Provedor para a Vida. O exemplo de qualquer liderança bem-sucedida por parte da Nação dos Homens é o cuidado tido para com as crianças e com os idosos das suas comunidades. Com a Nação dos Homens a ser inserida neste paradigma de dominação e evocando, em particular, a competição desleal e o isolamento, testemunhei uma adaptação difícil, quase que mutando-se, destas propriedades Sagradas. Por vir de uma linhagem que recentemente resistiu a tentativas de genocídio, posso afirmar por experiência própria que quando um homem é impedido de cumprir estes dois deveres sagrados, pode-se transformar. Mais frequentemente vemos o homem reprimido a tornar-se um autor desta violência de dominação ou renunciando a acreditar na sua habilidade em corresponder às suas responsa-

'Tudo o que realmente sabes é como se comportam "masculino" e "feminino" quando inseridos num paradigma de dominação.'

Pat McCabe

bilidades sagradas. Estas respostas impactam as gerações vindouras.

Confesso que me encolho quando menciono estas duas responsabilidades sagradas à Nação dos Homens moderna. Como se deve sentir um homem com o peso de ser Protetor se mesmo as mais poderosas das 'nações livres' estão preparadas para acionar a lei marcial a cada instante? E como se sentirá o homem ao sentir o peso de ser Provedor dentro de um sistema económico viciado que não pressupõe que a maioria alguma vez triunfe? Eu choro ao ver como esta máquina doutrina os homens, pais e filhos, quebrando os seus corações, espíritos e corpos, e iludindo os seus instintos nobres com falso poder, falso orgulho e uma falsa promessa de cumprir uma versão distorcida do seu dever Sagrado. Como sabemos que estes são falsos? Porque não nos levam à Vida Próspera.

Escutei um senhor, na casa dos seus oitenta anos, dizendo, 'Finalmente estou livre da tirania da testosterona'. E isto leva-me ao terceiro papel do Sagrado Masculino: o Guardião do Fogo Sagrado. Como se a natureza o tivesse guardado, quando eu passei por um oceano exuberante de flutuações hormonais de meia-idade e todos os comportamentos, pensamentos e sentimentos que delas advém, foi-me dado este favor específico durante um mês: um enorme impulso de testosterona. Eu nunca experienciara anteriormente tal fogo. Tudo o que se mexia, até mesmo certos objetos inanimados, era de interesse sensual para mim. Relembro-me da admiração profunda que nutria por tantos dos homens que conheci e que, honrosa e respeitosamente, controlavam a chama fundida que aparentemente guardavam dentro de si. Era, aos meus olhos, inexplicável como conseguiam manter tal disciplina e integridade, ano após ano. Questionei-me séria e humildemente, apesar de algo assustada, se me conseguiria imaginar na pessoa que me tornaria se aquela chama vivesse dentro de mim durante tanto tempo.

O meu respeito pela Nação dos Homens, e o que carregam consigo, cresceu profundamente durante este tempo. Senti a dor de me sentir envergonhado e ameaçado por algo tão poderoso e inerente à minha máscara de aspeto masculino. Senti a esquizofrenia do prazer e o orgulho no poder desta responsabilidade, misturadas com a confusão e a insegurança em deter dita responsabilidade. Nunca antes vi eu, no mundo moderno, uma verdadeira iniciação ao seu uso correto como Fogo Sagrado.

Se o Plano é Vida, então somente faria sentido se tal Fogo fosse um Remédio profundo para a Vida, uma força motriz que garantisse a continuidade da Vida no futuro. Que alívio possuir esta força, tão difamada e temida no nosso tempo, como um Remédio profundo para ser administrado com respeito e reverência. Agora é preciso aprender a cuidar da verdadeira natureza do Fogo Sagrado.

À Nação dos Homens, finalmente encontro as palavras para vos dizer: Eu canto, danço e rezo por vocês, com todo o meu coração, para simplesmente ser tão poderosa como vo-

'À Nação dos Homens, finalmente encontro as palavras para vos dizer: Eu canto, danço e rezo por vocês, com todo o meu coração.'

Pat McCabe

cês podem ser, no corpo, sim, mas também na concentração precisa, e por vezes singular, da vossa mente brilhante. Na minha jornada dentro da Terra e do Ventre do Cosmos, não consigo manter presente esse modo de pensar nem é suposto eu o fazer, pelo que, nessa altura, confio na vossa força para nos segurar e nos proteger. Eu peço ao vosso enorme e maravilhoso coração para que seja tão forte quanto possível. Nada neste momento me move mais profundamente que escutar-vos, cantar e orar com um coração aberto.

Remédio raro para mim e para a origem desconhecida ou esquecida da fome desta Terra Sagrada, Céu e Multiverso. Eu viajo nas profundezas do meu ser, mas também fora dele, à procura da verdadeira natureza do teu Espírito de Vida Próspera. Ao vir a compreender-me a mim mesma e tudo o que se escondia de mim, entendi que nos podemos encontrar numa Polaridade perfeita, funcional e Sagrada.

Toda a Separação Deve Curar-se

Digo, não poderei ser quem nasci para ser, sem tu seres quem nasceste para ser. Na tua própria existência, na minha própria existência, consumamos o grande propósito da Vida Próspera.

Nada nos deve separar, nunca mais, não no meu coração, mente ou espírito. Este é o meu voto de vínculo conjugal contigo, enquanto fêmea da nossa espécie. Este é o mais profundo Activismo Sagrado, agora formando as sementes da Verdade, as quais são Vida, para serem semeadas no solo do futuro, juntamente com as tuas.

Precisei de toda a minha força e coragem para proferir tais palavras, toda a minha sagacidade e vulnerabilidade. Os Ajudantes Espirituais intervieram uma e outra vez para me trazer a este lugar, e uma vez mais sinto esta dádiva vir até mim.

Pat McCabe, conhecida como Woman Stands Shining, é uma mãe, avó, activista, artista, escritora, líder cerimonial, curandeira e palestrante internacional de Diné (Navajo).

Para mim, esta parece-me ser a raiz a partir da qual todo o activismo deve nascer. O Círculo da Vida não entende o 'nós contra os outros'. O Círculo da Vida somente entende 'Nós'. Cada ação deve então emergir de uma polaridade funcional da nossa espécie, caso contrário apenas alimentaremos a ilusão de separação, contrária à nossa natureza. Cada forma de separação deve ser curada, uma de cada vez, mas esta entre o Masculino e o Feminino, entre as Nações dos Homens e das Mulheres, e o espetro que a humanidade mantém entre e para além deles, está no cerne das mudanças que necessitamos de operar. Subitamente, a nossa tarefa não aparenta ser assim tão má.

Esta é a Economia do Que Adoramos:

das coisas que fazemos naturalmente quando não somos obrigados, da música, da amizade, do activismo ... Esta economia ancestral e bem-sucedida no passado não depende da competição feroz e do crescimento infinito de produtividade (...) mas em brincar, fazer humor, conversar ...

David Fleming, iniciador do movimento Transition Towns

A superstição absurda em questão é a crença da generalidade dos economistas na possibilidade de um crescimento económico infinito, a qual deixa a nossa civilização perante um dilema aparentemente impossível de resolver. Devemos terminar com tal crescimento e, desse modo, destruir a economia da qual dependemos, ou devemos continuar a crescer até exacerbarmos e destruirmos os ecossistemas dos quais dependemos?

Shaun Chamberlin

TRANSFORMAÇÃO DA ECONOMIA

Do Sistema de Extração ao Sistema de Dádiva

Charles Eisenstein, EUA

O dinheiro é a expressão dos valores de uma sociedade. O dinheiro diz-nos, 'Isto é o que valemos, isto é o que queremos que faças'. Num mundo sagrado, o dinheiro beneficiaria todas as pessoas e toda a vida. Mas, nos dias de hoje, as coisas que destroem a vida são, infelizmente, as mais bem recompensadas economicamente, sendo que as atividades que servem a vida não geram dinheiro nenhum. O dinheiro é hoje a materialização dos valores de dominação, de crescimento, de controlo, de competição, de separação – os mesmos da civilização predominante no mundo atual.

Se contribui para a extração de recursos naturais, para a destruição de comunidades, substituindo-as por serviços pagos, e se arranja maneira de prevenir que as pessoas se ajudem umas às outras e torna isso num serviço, então está envolvido num sistema de extração.

Imagine que encontra um lugar no mundo onde as pessoas cantam as suas próprias canções umas às outras. Quando as suas casas são consumidas pelas chamas, todos os vizinhos vão em seu auxílio para as reconstruir. Onde todos cozinham para todos e cada pessoa produz o seu próprio alimento. Então você olha e pensa que tem ali um mercado não desenvolvido, onde há possibilidades de investimento. E aí você diz, vamos ajudá-los a 'desenvolver' porque considera o seu próprio estilo de vida como 'desenvolvido' e o destino da população é de viver como você. Em vez de cantarem as suas próprias canções, podemos vender-lhes entretenimento. Em vez de reconstruírem as casas queimadas, podemos vender-lhes seguros. Em vez de possibilitarmos que as crianças aprendam por vias tradicionais, podemos construir-lhes uma escola e vender estas escolas através de taxas.

E se a resposta deles fosse, pedimos desculpa, mas não temos dinheiro para isso, então você oferecer-lhes-ia um empréstimo de desenvolvimento, para que o país deles pudesse ser como o seu. E assim que aceitem o empréstimo, ficam presos numa armadilha. Há vários países no mundo que receberam 5, 10 ou 20 biliões de dólares em empréstimos, e ao longo dos anos já pagaram de volta mais de 30 biliões. Mas significa isso que já saldaram a dívida? Não, porque a taxa de juro sobre os empréstimos é tão elevada que, debaixo de certas circunstâncias, o pagamento nunca termina.

E por forma a efetuarem os pagamentos devidos, esses países têm de extrair recursos naturais e desperdiçam as suas matérias-primas. Têm de converter o seu solo em cana de açúcar ou em café para mais tarde os exportar. Posteriormente, têm de abrir mão dos seus jovens, da sua criatividade e do seu trabalho, e a dívida ainda não foi saldada. E quando não têm outra forma de pagar, o sistema financeiro diz-lhes, 'Têm de conseguir. Tem de haver algo que possam vender. Então e os vossos portos? Então e os vossos sistemas de abastecimento? Então e os vossos serviços públicos?'

Edward Goldsmith disse uma vez: 'Desenvolvimento é apenas uma nova palavra para o que os Marxistas chamam de imperialismo e ao que vagamente referem de colonialismo – um termo mais familiar e menos pesado. Um olhar rápido à atualidade nos países de Terceiro Mundo inquestionavelmente revela uma continuidade inquietante entre as eras colonial e do desenvolvimento'.

E possivelmente os governos – quero dizer, eles são pessoas! – queiram mesmo preservar a terra e as pessoas. Se resistirem ao sistema, o mercado financeiro internacional dirá que não estão a fazer um bom trabalho em extorquir dinheiro. E se o governo falhar redondamente em cumprir com a abertura de novas minas, com a extração de petróleo ou com a conversão de terrenos comunais em propriedade privada, cai uma enorme pressão sobre ele. Até o governo de esquerda da Grécia não resistiu e teve de cumprir com as medidas de austeridade que lhe foram impostas.

Austeridade significa, 'esforça-te mais para pagar de volta os empréstimos', basicamente. Se o governo ainda afirma, 'Desculpem, não vamos pagar', então vem a CIA, seguida de uma invasão militar, para garantir que novo governo seja formado. É isto que está a acontecer na Venezuela neste momento. E é daí que advém muita da violência que vemos no mundo. Tivemos um vasto leque de exemplos durante o nosso encontro. Pessoas da Guatemala, Palestina e Camarões descreveram as atrocidades de que eles e os seus povos são alvo.

Há algo muito importante que devemos entender. A violência é inevitável debaixo do sistema atual. O racismo é inevitável, é um sintoma do sistema. Se somente combatermos a violência e o racismo sem alterarmos o sistema económico, seguiremos eternamente nesta luta e nunca a venceremos.

Podemos pensar que ficará tudo bem se apenas protegermos aquela aldeia das escavadoras. Mas se o fizermos, se protegermos um lugar, o imperativo económico encontrará algo noutro lugar para converter em dinheiro. Protegendo um lugar, o perigo crescerá noutro lugar e noutro e noutro. É como apagar um incêndio num terreno que está seco e que fica mais quente. Sim, podes extinguir o incêndio, mas a qualquer momento tens que resolver a questão 'Porque é que a terra está a secar?', e tens de regenerar o solo e o sistema da água.

As condições que motivam as pessoas a contratar grupos paramilitares são, pura e simplesmente, económicas. E por isso é tão importante perceber o sistema económico, nomeadamente o sistema de dívida. Não há países vencedores, nem mesmo os EUA. É a população, os 99%, quem paga. Cada uma dessas pessoas foi apanhada nesta armadilha de ter de pagar de volta os empréstimos – pela casa ou por outras coisas. A maioria dos Americanos sente dificuldades e insegurança nas suas vidas pessoais.

Mas também há outras histórias para serem contadas. Diariamente, na Favela da Paz, Cláudio Miranda observa as pessoas a tomarem conta umas das outras, ele presencia essa atitude de dádiva cada dia. As pessoas necessitam de ser umas pelas outras para sobrevi-verem. Faz-nos falta escutar essa informação, ouvir essas histórias da favela e da vida em comunidade na base da dádiva, porque aju-dam-nos a entender e a aceitar que estamos aqui para dar tudo o que podemos e para re-cebermos, sem sentirmos culpa, tudo o que necessitamos de modo a sermos dadores efi-cientes.

Tudo isto significa que o nosso movimento apenas pode ser financiado por pessoas que não estão à espera de nada em retorno pelo seu investimento. Apenas pode ser financiado através de doações, por pessoas que possuem dinheiro e que pretendem usar tal dinheiro para curar o sistema. E nós temos de nos per-mitir aceitar tal dinheiro, de vivermos com a doação e em dádiva, pois só assim seremos um íman de abundância muito mais forte.

Charles Eisenstein é professor, palestrante e escritor sobre os temas de civilização, cons-ciência, dinheiro e evolução cultural.

O Mais Importante da Vida é a Vida

Heini Staudinger, Áustria

Heini Staudinger é um empreendedor e rebelde que encontrou uma maneira de combinar a sua aptidão para o negócio com a profunda preocupação com o destino dos outros. Inicialmente estudou Medicina, mas acabou por abrir uma oficina de calçado em Viena em 1980, a qual se tornou na empresa GEA/Waldviertler, com filiais na Áustria, na Alemanha e na Suíça.

A nossa empresa foi fundada como uma oficina de calçado auto-gerida numa região rural da Áustria. A certa altura, fiquei eu proprietário da empresa e estamos agora no processo de conversão gradual para uma cooperativa. Enquanto empresa, vivemos numa contradição económica. Por um lado, apoiamos o sistema com o nosso trabalho árduo e o nosso sucesso. Por outro, temos o desejo de superar o dito sistema. Não conseguimos resolver esta contradição, no entanto queremos tirar o melhor partido dela. Cada vez mais pessoas sentem que o sistema não sobreviverá da maneira que opera atualmente. Precisamos de mudá-lo. Atualmente, até gestores poderosos estão à procura de um novo caminho económico.

O historiador e activista americano Howard Zinn disse uma vez, 'A desobediência civil não é o nosso problema. O nosso problema é a obediência civil, pelo facto de que pessoas de todo o mundo obedeceram aos ditames dos seus líderes ... e milhões foram assassinados às custas de dita obediência ... O nosso problema é que as pessoas de todo o mundo são obedientes perante a pobreza, a fome, a estupidez, a guerra e a crueldade.'

Eu acredito seriamente que o nosso principal problema social é que nós também raramente usamos os nossos desejos como motivação. Somos todos parte desta multidão silenciosa que permite isto. O medo é o nosso principal adversário, porque é ele que nos impede de darmos voz aos nossos desejos. Essa é a razão pela qual na Bíblia tão frequentemente encontramos, 'Não tenham medo!'. Esta frase é um dos princípios da nossa empresa. Toda a gente acredita que tem de tolerar alguma forma de constrangimento em vez de seguir os seus desejos. Por isso é que o mundo está como está.

Um dos meus principais objetivos é o de construir uma comunicação poderosa. Temos um folheto, um álbum da GEA, o qual imprimimos quase 2 milhões de exemplares.

Nele combinamos conteúdo filosófico com a apresentação dos nossos produtos. Também publicamos a revista Brennstoff a cada quatro meses, a qual tem uma tiragem de 200,000 exemplares, e estamos agora a criar uma revista online (Brennstoff.com). O nosso objetivo é ter uma presença digital mais abrangente que o FPOE*, porque organizações como esta têm uma influência significativa nas tendências de comportamento e pensamento no nosso país. Elas incitam e alimentam o ódio com sucesso, e sabemos bem como as pessoas podem ser seduzidas a todo o tipo de disparates.

Mas também sei que, no interior dos seus corações, a maioria das pessoas quer trabalhar para o bem. O lado pacífico da nossa sociedade precisa de construir modelos de comunicação igualmente fortes que evoquem o bem nas pessoas e que deem asas ao movimento pela paz. Sei também que teríamos disponível todo o dinheiro necessário para tal.

Aprendi que espiritualmente, na minha cabeça, não sou mais dependente do dinheiro. Eu não poupo dinheiro. Não o deposito no banco e deixei de apoiar os maus financiamentos que este faz usando o que é meu. Todo o dinheiro que possuo tenho-o comigo, num saco de plástico. Gosto de o mostrar às pessoas durante as minhas palestras porque é transparente. Muitas pessoas querem ajudar a construir projetos bons e relevantes com o seu dinheiro. Quando se apercebem que o seu dinheiro é investido em projetos que apoiam

'Um dos meus principais objetivos é o de construir uma comunicação poderosa.'

Heini Staudinger

a vida e que não cai secretamente nos bolsos de alguém, dão com todo o gosto.

Temos grandes e difíceis tarefas pela frente e não acredito que haverá um fim para este trabalho. Há mais que trabalho suficiente para toda a gente. Por exemplo, teremos de reflorestar milhões de quilómetros quadrados do nosso planeta nos próximos anos e temos de começar agora. As árvores ajudam-nos a respirar. A transição de energia tem de acontecer e, para isso, precisamos dos jovens. Em cada vez mais países os jovens não encontram trabalho. A mensagem que o mundo dos adultos lhes passa é 'Não precisamos de vocês'. Uma mensagem cruel, mas também um disparate.

Nós precisamos dos jovens! De todos eles. Necessitamos das pessoas mais inteligentes e motivadas se queremos vencer esta luta pela vida.

Não sei se as hipóteses de vencer esta corrida são muitas, mas acredito que, ainda assim, vale a pena atuar se podemos salvar o mundo e começar a tratarmo-nos por irmãos e irmãs. É somente através dos nossos esforços que conseguimos manter a nossa dignidade enquanto seres humanos. Se não atuarmos perante o que está a acontecer, arriscamo-nos a tornar-nos cínicos.

Em Janeiro de 2012, recebi uma carta da Autoridade do Mercado Financeiro da Áustria (FMA), declarando que praticava atividade bancária fraudulenta e que deveria esperar uma multa pesada. Isto porque financiei a expansão da minha empresa através

---

* Partido da Liberdade da Áustria, um partido político nacionalista, conservador e populista de direita.

de empréstimos privados, conseguidos por crowdfunding (financiamento colaborativo), porque os bancos não aceitavam efetuar tal empréstimo – apesar da minha credibilidade e solvência. Uma vez, perguntei ao gerente do banco quais as razões para a não concessão de crédito. Ele riu-se e disse que não me devia quaisquer informações. Isso irritou-me profundamente.

Até então, via-me como um cidadão respeitável que se esforça para fazer bem o seu trabalho e para criar emprego para os outros. Foi-nos então imposta a multa e tivemos um terrível julgamento no tribunal. Fomos tratados como criminosos. Depois disso, falei muito sobre o assunto e notei que grande parte do país estava do meu lado. Foi um enorme alívio para mim. Há uma lei que existe fora do código de direito civil, mas dentro do coração das pessoas.

Disse aos oficiais de justiça, 'Eu não sou uma fraude, não sou um criminoso e não preciso de advogado. Eu sei defender-me pelas minhas ações e, além disso, não deixarei que encerrem a oficina de calçado Waldviertler. Dezenas de milhares de pequenas e médias empresas estão na mesma situação. Nós encontrámos uma saída e esta saída deve ser possível para todos.'

Após algum tempo, a televisão mostrou uma reportagem sobre a nossa disputa com as autoridades fiscais. Terminou com as palavras, 'Uma coisa é certa, Heini Staudinger não irá pagar a multa'. Com este sinal de rebelião, tivemos uma grande cobertura mediática, tornando-nos famosos da noite para o dia. As pessoas estavam claramente do nosso lado e a nossa empresa tornou-se um sucesso ainda maior. A desobediência valeu a pena até para o negócio! Atualmente, temos uma longa lista de pessoas que pretende contribuir para nos ajudar a construir a nossa empresa, e

nem temos precisado. Encontrámos maneira de sair daquela situação difícil com a ajuda daquelas contribuições individuais. Mas eu sabia que não descansaria até que esta solução

'Nós encontrámos uma saída e esta saída deve ser possível para todos.'

Heini Staudinger

fosse possível a todos, porque quando todos os sistemas sucumbirem – financeiro, pensionista, educativo e de saúde – necessitaremos de mais e mais pessoas na nossa sociedade que possam assumir ditas responsabilidades. Eu acho que a crença das pessoas finalmente pesa na balança. Hoje há uma nova lei na Áustria, a lei de financiamento alternativo. Esta lei defende que tudo aquilo que nos era proibido é agora permitido para todos. Agora que lhe tomámos o gosto ... há ainda muitas leis que têm de ser mudadas.

Gostaria de mencionar outra experiência. Quando tinha 19 anos, viajei com um amigo por África numa motorizada. Foi-nos dado a conhecer uma forma de vida completamente diferente. A hospitalidade com que fomos recebidos diariamente nem em sonhos teríamos conseguido na Europa. Onde houvesse comida, tínhamos o suficiente para comer. Fomos sempre convidados a pernoitar num lugar seguro. Os Africanos tornaram-se os meus professores mais importantes. Devo aos Africanos a mais importante perspetiva da vida, nomeadamente que não há nada mais importante na vida que a Vida. Não é o dinheiro, o carro, a casa ou a carreira, não: O mais importante da vida é a Vida.

Mudança do Sistema de Dinheiro – Dinheiro para a Mudança de Sistema

Benjamin von Mendelssohn, Alemanha/Portugal

Eu venho de uma família Judaica abastada ligada à banca em Berlin, mas durante o Terceiro Reich (regime nazista) perdemos tudo. Durante a nossa infância, passámos por muita pobreza. Não compreendia o porquê de o dinheiro ser distribuído de forma tão injusta, tal como a maioria das crianças. Porque tinha o homem de pedinchar por comida na estação de comboios? Não podíamos levá-lo para nossa casa? Não tínhamos comida suficiente para todos? No meu coração, não podia aceitar as respostas que eram dadas pelos meus pais. Foi assim que me tornei um activista político. Depois o muro de Berlim foi derrubado e, quase como caída do céu, parte da riqueza que pertencia à nossa família foi-nos restituída. O meu pai faleceu pouco depois, aliviado pelo facto de saber que a família estava estável economicamente.

Desde tenra idade que vejo o dinheiro como algo meramente virtual. Tem pouca ligação ao nosso esforço pessoal. Tens dinheiro, perdes dinheiro. No capitalismo, o fluxo global do dinheiro segue um mecanismo que está estruturalmente baseado na escassez. A partir deste resultam guerras, injustiça, sofrimento e perdedores. Há uma constante necessidade em trazer novos produtos, algo que possa ser

convertido em dinheiro, e por isso até os últimos recursos naturais são explorados. Charles Eisenstein analisou brilhantemente este mecanismo na página 122. Este sistema apenas pode ser substituído por outro mais complexo. Mas como se edifica um sistema económico no qual a humanidade aumenta e onde a cura e a reconciliação ocorrem e perduram?

Na minha procura por uma resposta, descobri Tamera. O meu coração jubilou de alegria quando descobri que havia pessoas a trabalhar na mudança de sistema de uma maneira tão concreta e avançada. No entanto, levei anos a entender por completo quão profunda a mudança de sistema tinha de ocorrer na minha vida pessoal. O medo tem de ser transformado em confiança, a competição em cooperação, o desejo de posse na alegria da dádiva. Esta mudança requer uma nova forma de pensar as nossas relações com os outros, na nossa comunidade, nas nossas parcerias, no amor e até na mais íntima e privada esfera da sexualidade. Aqui jazem as falsas conceções fundamentais de propriedade, ganância, competição e a necessidade existencial de segurança, a qual – extrapolada para o global – constitui o nosso sistema económico. Precisamos de mudar estas conceções para que um novo sistema económico, mais humano, funcione.

Com isto em mente, assumi a direção da Grace Foundation. Contrariamente à típica instituição financeira, a criação de comunidade e o trabalho da Global Love School são pilares essenciais do nosso trabalho. Todos os modelos económicos alternativos sucumbirão se não tiverem no seu cerne uma base interpessoal de confiança. As pessoas ricas são ainda consideradas os vencedores na sociedade moderna. De modo a investir numa mudança de sistema, estes modelos devem repensar profundamente os princípios da propriedade. Esta prontidão para dar as respostas necessárias só resultará de uma compaixão existencial com o mundo e com a chegada à conclusão de que não há outra saída desta crise global. Este processo requer uma confiança profunda e um objetivo ambicioso.

O nosso objetivo é a implementação de um plano de paz global, ao qual chamamos de 'Plano dos Biótopos de Cura'. Apoiamos pessoas, comunidades e projetos por todo o mundo que querem colaborar connosco para tornarmos este plano uma realidade. Quando se concretizar, toda a vida ganhará com isto: todas as pessoas, animais, natureza, a Terra e a água. Estruturalmente, não haverá perdedores.

Convidamo-lo a cooperar! Seja bem-vindo!

Visões na Base da Mudança Para Uma Nova Terra

A mudança global necessária começa por reimaginarmos
radicalmente a nossa civilização. Se tivermos uma visão autêntica
para uma convivência não-violenta e regenerativa e para uma
cultura de solidariedade e confiança, seremos capazes
de iniciar uma transição global.
Uma visão verdadeira é fundamentalmente diferente de uma ideia
construída, de uma fantasia vã ou de uma ideologia. Ao
abandonarmos a mentalidade convencional e a cultura dominante,
também ultrapassamos a falta de criatividade que impede as
pessoas de imaginar uma alternativa. Reconhecemos que o nosso
espírito é profundamente criativo e que carregamos visões connosco -
é por isso que estamos vivos.
Quando uma visão toca o nosso coração e deixamos que ela guie a
nossa vida, somos conduzidos pelo nosso verdadeiro propósito e
dispomos de uma enorme quantidade de energia.
Essa visão não é somente individual, mas coletiva. Tal como
Ladonna Brave Bull Allard de Standing Rock afirma,
'Existe uma visão partilhada para a humanidade, quer sejamos
capazes de a ver ou não'. É nossa tarefa estarmos recetivos a ela, de
a vermos e de a tornarmos visível, e de a ativarmos, usando todos
os meios de comunicação para que a nossa imaginação coletiva não
seja mais conduzida por ideias de fracasso, mas alimentada pela
possibilidade de cura e unificação de todo o mundo.

Martin Winiecki

VISÕES NA BASE DA MUDANÇA PARA UMA NOVA TERRA

Desenvolvendo Estratégias para um Mundo de Amor e Justiça

Rabino Michael Lerner, EUA

Rabino Michael Lerner é escritor, intelectual público e líder espiritual. É o fundador e editor da Tikkun Magazine, a revista de Judaísmo progressista e inter-religiosa mais lida – e citada – do mundo, que surgiu em 1986 como uma alternativa ao Judaísmo neoconservador. Após vários anos, Rabino Lerner chegou à conclusão que era necessário mais do que uma revista com visões proféticas e pacíficas, o que levou ao nascimento do movimento 'Network of Spiritual Progressives' ('Rede de Progressistas Espirituais'), que traz ditas visões e valores ao mundo.

Em primeiro lugar, quero congratular todos os presentes na ação aérea contra as perfurações de poços de petróleo realizada na costa! Atualmente, há tantas comunidades espirituais que são alérgicas às questões políticas, e tantas comunidades políticas que são alérgicas às questões espirituais, que é lindo de ver esta comunidade como um exemplo de fusão destas duas consciências.

Mas, apesar da beleza desta ação, a verdade é que o capitalismo global não arreda pé da máxima exploração possível da Terra, até que bastantes mais pessoas se unam pelos mel-hores interesses do planeta e, consequentemente, pela sobrevivência da humanidade.

Penso ser útil reconhecer que existem duas visões do mundo que dominaram a história da humanidade nos últimos 10,000 anos. Uma delas defende que nós, seres humanos, somos lançados na existência por nós mesmos. Encontramo-nos num mundo onde, aparentemente, toda a gente se preocupa consigo mesma, cuida de si mesma e procura benefícios próprios à custa dos outros. Para o conseguir, exercem domínio, controlo e manipulação sobre os outros. Portanto, se quiser sobreviver debaixo desta visão, tem de aprender as técnicas da manipulação, dominação e controlo, caso contrário será controlado pelos outros. Eu chamo esta de visão global de dominação e medo.

Por outro lado, existe uma visão que se opõe à primeira. Esta segunda visão global diz, 'Não, não vim a este mundo por mim mesmo, mas através de uma mãe que me deu amor e carinho, não por recompensa, mas por livre vontade. Até podia não ser a minha mãe biológica, mas uma qualquer pessoa que me deu maternalidade nos meus primeiros anos de vida, sem esperar retorno do tempo e dinheiro investidos. A partir desta, nasce uma crença de que é possível obter segurança e proteção neste mundo através do amor e da generosidade, não da dominação. A maioria das pessoas no planeta está familiarizada com ambas as visões e muitos de nós as experiencia em diferentes momentos das nossas vidas. Pensamos, 'Tenho de me proteger desta pessoa' e depois algo acontece e mudamos de ideias. Ou nos dirigimos às pessoas com abertura e esperança, e quando estas nos dizem algo que nos faz sentir assustados mudamos para o lado do medo, dominação e manipulação. Todos nós nos situamos num determinado lugar do contínuo entre 'medo e dominação' e 'amor e esperança'.

Quando falamos com os outros, o modo como nos expressamos move a energia social numa de duas direções – para o medo ou para o amor. Não está somente nas mãos das figuras públicas ou dos meios de comunicação social ou das pessoas com dinheiro. Todos nós contribuímos para a direção da energia social.

É relevante quando dizemos, 'Eu não acredito que a mudança é possível', porque influenciamos os outros. Depois disso eles dizem, 'Não conheço ninguém que ache ser possível, portanto não é possível'. Por outro lado, quando defendes o mundo do amor e afirmas, 'Eu acredito que é possível, e sabes que mais? Tu que és cético, eu sinto que, no fundo, tu também acreditas e queres um mundo de amor'.

Há este desejo entre as pessoas de viver num mundo muito diferente do atual, um desejo profundo e ardente de um mundo construído sobre os pilares do amor, da generosidade e da bondade, e de uma sociedade cuidadora – onde todos nos preocupamos com os outros e com a Terra. Mas esse desejo tem sido reprimido pelo mantra fundamental do sistema capitalista, o qual diz: 'Sê realista! Com que então queres criar um mundo na base do amor, da generosidade e da bondade? Olha à tua volta! Todas estas pessoas são egoístas e materialistas, nunca seguirão os teus passos!'

Pelo que parte da minha mensagem é, 'NÃO SEJAS REALISTA!'. Porque ser 'realista' significa aceitar o que os poderosos te dizem a ti e aos profissionais que contratam para as estações televisivas, para a imprensa e para outros meios de comunicação social. O que te dizem diariamente é que reformas pequenas, se trabalhares arduamente para elas, são possíveis. Mas mudar de um sistema de materialismo e de egoísmo para um sistema de amor e carinho? Isso não passa de uma fantasia utópica a qual, se tentares, irá magoar toda a gente. E enquanto falas dessas grandes batalhas, perderás capacidade para vencer as mais pequenas.

Desafiar a religião dominante das sociedades Ocidentais significa desafiar o pensamento de que apenas é real aquilo que pode ser medido. E como o dinheiro é facilmente medido, é também facilmente verificável. Por isso é que o dinheiro é a realidade suprema. As visões éticas, espirituais ou religiosas não podem ser contadas ou medidas, pelo que não podem ser vistas como reais. Também não podes medir o amor, a generosidade e a bondade, tal como não podes medir o sentimento de vocação por um propósito superior na vida.

Muitas pessoas refutam qualquer perspetiva vinda dos campos espiritual e religioso, mesmo as que apoiam a política de esquerda ou as que trabalham por um mundo melhor e querem ser levadas a sério ou as que têm um pensamento científico e racional. Mas ao refutarem, também ficam reféns de fundamentos sólidos aquando das suas intuições éticas.

Assim sendo, deixem de aceitar essa mensagem que toda a gente recebe, uma e outra vez, e comecem a ser irrealistas. Essa é a nossa primeira tarefa deste movimento de mudança social.

A segunda é a de parar com a culpabilização dos outros e de nós mesmos por ainda não terem/termos investido tempo, dinheiro ou energia suficientes na mudança de sistema. Esta culpabilização impede que a nossa mensagem seja ouvida e que outros se juntem a nós. Temos de desafiar este padrão de pensamento dentro das forças liberais e progressistas, nas empresas, na economia e na elaboração de políticas. A maioria das pessoas nas empresas são seres humanos decentes, não são maldosas, pelo que, quando nos dirigimos a elas, não podemos tratá-las como maldosas.

Temos de passar uma mensagem diferente, nomeadamente que vemos a bondade dentro delas. Queremos fazê-las ver essa bondade e que entendemos que não tiveram oportunidades suficientes para que pudessem florescer. Precisamos de criar uma tribo global empática, que primeiramente se foque na cura das partes dos apoiantes de esquerda e das forças liberais e progressistas, para que deixem de sentir necessidade de atacarem aqueles que ainda não estão do nosso lado. E somente quando começarmos a conseguir resultados com estes grupos é que nos devemos focar na restante população, apelando pela sua bondade interior.

Relembremos essas pessoas de enfraquecer os seus argumentos de autoculpabilização e de 'ser realista', para que possam seguir a visão do mundo que desejam.

Em terceiro lugar, queremos um novo desfecho – proposta new bottom line* – no qual todos os grupos que trabalham para um futuro mais humano devem concordar. Para isso, necessitamos de uma nova definição de racionalidade, produtividade e eficiência. A antiga proposta defende que cada instituição ou empresa, tal como o nosso sistema económico

e as políticas governamentais sejam avaliadas como racionais, produtivas e eficientes na medida em que maximizam dinheiro e poder.

A nossa proposta é a seguinte: cada empresa e política governamental, assim como os nossos sistemas económico e educativo e toda a nossa cultura devem ser avaliadas como racionais, produtivas e eficientes se maximizarem o amor, o carinho, a bondade e a generosidade. Devemos olhar para o modo como elas promovem não só a sensibilidade e a ação ética e ambiental, mas também a justiça social e económica. E como aumentam a nossa capacidade de resposta a outros seres humanos como encarnações do sagrado. Devemos questionar-nos sobre o quanto elas promovem a nossa capacidade de responder perante o universo, não como um bem que podemos produzir e vender, mas com admiração, inspiração e perplexidade pela grandeza e esplendor de tudo o que existe.

E por último, como podemos realmente lidar com a problemática dos refugiados a uma escala global? Como devemos olhar para a segurança interna? Atualmente, cada país assume que, para sua segurança, ou deve dominar outros países ou fazer parte de uma aliança que domine outros países. A solução que nós propomos designa-se de 'Global Marshall Plan'*, e é baseada na proposta new bottom line. A verdadeira maneira de conseguir segurança interna não é agindo com dominação, mas adotando uma atitude de amor e carinho para com os demais povos.

* O 'New Bottom Line' e o 'Global Marshall Plan' fazem parte das Estratégias Visionárias da 'Network of Spiritual Progressives'.
Encontre o plano estratégico completo aqui:
https://spiritualprogressives.org/

Uma maneira de demonstrar esta atitude é eliminando programas económicos globais como o NAFTA, o CAFTA e muitos outros, e estabelecer acordos económicos que verdadeiramente ajudem no desenvolvimento de países onde a população não consegue sobreviver e, por desespero, decide emigrar. Esta atitude dar-nos-ia segurança e, a longo prazo, políticas que tornariam possível a vivência destas populações nos seus países.

A ideia de um mundo baseado no amor e no carinho, de um movimento global pelo amor e pelo carinho não é absurda. Bem pelo contrário, é bem racional. Se acha que a estratégia que aqui apresentei não faz sentido, não há problema. No entanto, agradeço que partilhe comigo outra estratégia. Tenha uma estratégia! Trabalhe com uma estratégia! Desenvolva uma estratégia!

A Descoberta da Minha Relevância é a Minha Liberdade

Sabine Lichtenfels, Alemanha/Portugal

Quando 'o todo', ou o quer que seja que chamemos ao sagrado, está subitamente presente, a brilhar ou a falar através dos indivíduos, experienciamos a força e a magia da comunidade. De repente, não mais importa se sou eu ou outra pessoa quem fala, porque o simples facto de fazer parte de um grupo que quer construir algo grandioso em conjunto é emocionante.

O que é uma visão? Cada um de nós tem uma visão, não enquanto pessoa individual, mas enquanto ser humano que está reconectado com o sagrado. Cada ser humano representa este 'todo' de uma maneira particular. Esta voz individual é necessária para que o todo seja escutado e reconhecido novamente. É a voz de um ser humano que, uma vez mais, reconhece a sua vocação e a missão para a qual ele ou ela desceu à Terra. Ladonna, Tiokasin* e outros podem falar-nos com detalhe sobre a importância de buscar esta visão dentro das culturas tribais ancestrais. Os buscadores passam dias em retiro na natureza, sem água ou alimento, e são assistidos por outros membros da tribo que mantêm uma fogueira e que comem e bebem por eles.

Nos dias de hoje, quase nada é mais importante que ajudar as pessoas a encontrar a sua visão e a saber o seu lugar no todo. Todos nós precisamos de saber o porquê de estarmos aqui e qual a nossa tarefa individual. A visão é como a placenta – alimenta-nos, protege-nos e ajuda-nos a ultrapassar a nossa dor pessoal. Responsabilidade para com a Terra, a natureza e as pessoas cresce a partir da ligação com a nossa visão.

Gostaria de partilhar convosco alguns exemplos de como uma visão surgiu na minha vida.

Quando tinha 16 anos, subitamente tive a ideia de construir uma aldeia onde a vida seria algo diferente daquela que havia vivido até então. Seria uma resposta à sociedade onde crescera. Toda a minha infância observara a solidão entre as pessoas, o pouco contacto que tinham umas com as outras, até dentro do seio familiar. Elas viviam sós e tinham de se sustentar por elas mesmas. A visão de uma aldeia deu-me força e inspiração durante muito tempo. Senti, 'Sim, estou pronta!', e rezei à grande alma do mundo, 'Por favor, orienta-me para conseguir isto'.

* Ladonna Brave Bull Allard e Tiokasin Ghosthorse são ambos membros da tribo Lakota e participaram no encontro Defender o Sagrado de 2018.

Quando os adultos me perguntavam que trabalho eu desejava, respondia, 'Não sei o que chamar a esta profissão. Quero construir uma aldeia onde as pessoas aprendam a viver conjuntamente em paz. Esse é o meu trabalho'. Não sabia quando e com quem construiria esta aldeia. Convidei alguns amigos a juntarem-se a mim. Alguns mostraram-se entusiasmados, outros descrentes e riam-se de mim. Não havia nada a fazer, algo superior tocou o meu coração e eu tinha de seguir esse estímulo. Charly Rainer Ehrenpreis, o qual conheci quando tinha 16 anos, continua connosco nesta jornada. Só em 1978, quando conheci Dieter Duhm, é que comecei a sentir a dimensão desta visão e o que significa pô-la em prática. Começámos então a pôr a visão totalmente em prática e posso dizer que, até hoje, me mantenho inteiramente fiel a ela.

Eu acredito que o nosso projeto não existiria se alguns de nós não tivessem encontrado esta conexão com esta voz orientadora superior. Quando sinto tal chamamento dentro de mim, tiro o tempo necessário para a ouvir atentamente. Cancelo todos os meus planos, desloco-me até à natureza ou a um lugar silencioso e deixo que as vozes na minha cabeça se acalmem até se tornarem silenciosas também elas. Permaneço ali o tempo que for preciso.

Outro exemplo: Fui convidada a viajar até à Colômbia para apoiar a Comunidade de Paz de San José de Apartadó. Tirei algum tempo para me ouvir. Surgiu uma imagem interior de estar a conduzir uma peregrinação pela paz ali com um grupo de pessoas locais e estrangeiras, para chamar a atenção para a situação

'A visão é como a placenta - alimenta-nos, protege-nos e ajuda-nos a ultrapassar a nossa dor pessoal.'

Sabine Lichtenfels

da comunidade. Não é fácil de descrever o significado de liderar pessoas de diferentes países, especialmente quando a maioria delas nunca esteve numa zona de conflito. Senti-me responsável pela proteção de todos. Antes de poder aceitar firmemente a orientação desta peregrinação, tive de realizar algum trabalho interior até que todos os meus medos desaparecessem. Tive de visualizar cada passo daquela peregrinação, todas as situações possíveis naquela visão, até que todos os pensamentos de medo e ansiedade se dissolvessem dentro de mim. Enfrentei questões como: Existirá verdadeiramente orientação? Haverá proteção para quem defende a vida? Foi um trabalho intenso, até que uma fé imensa nasceu dentro de mim. Soube então que era tempo e que assim seria. A peregrinação revelou-se um grande desafio. Todos nós chegámos aos nossos limites físicos e mentais. A certa altura, pensámos que não sobreviveríamos. Mas a visão era de tal maneira forte, a crença de sermos guiados por uma força superior mantinha-se intacta, que fomos capazes de seguir em frente.

Eu partilho tudo isto para convocar e ativar o poder da Grande Visão. Reconheçamos todos nós o nosso próprio chamamento, a nossa visão! Que este toque os nossos corações e nos relembre o porquê de estarmos aqui. Que esta visão seja tão forte e intensa que nos mostre o ponto em nós através do qual o sagrado pode entrar. Quando falo do sagrado, não falo de religião, mas do milagre da vida.

Somente quando descobrirmos que o nosso poder indisfarçável é relevante para a cura da Terra é que descobriremos as nossas verdadeiras profissões. Então, a nossa profissão se tornará a nossa vocação. Poderemos expandir e aumentar o nosso desejo de criar uma vida melhor, não apenas para nós e talvez para um pequeno círculo dos nossos queridos, mas para muitos outros. Entraremos em contacto com o nosso coração global, um coração que bate em solidariedade com toda a Terra. Observaremos como os nossos sistemas sociais estão desenhados para nos manter no medo e na insegurança. As nossas almas necessitarão de ser alimentadas de uma forma diferente, precisarão de uma forte corrente de ligação com as forças da vida, a partir das quais os nossos maiores objetivos emergirão naturalmente. Começaremos a reconhecer e a dar vida ao nosso ser supremo, deixando para trás as estruturas do ego.

Se cada um de nós encontrar este propósito de vida maior, então poderemos reconhecermo-nos a este nível. Poderemos então formar uma comunidade global que nos inclua a todos e que vá para além de todas as fronteiras, distâncias e visões do mundo. O resultado será uma aliança global que não exista somente no papel. Isto dará um compromisso a esta cooperação que nunca seria conseguida através de meros acordos. Estamos assim todos ligados por algo que não conseguimos nomear e que não queremos abandonar.

Visões Globais Concorrentes na Fase de Crisálida da Humanidade

Excerto de um artigo com o mesmo título de Alnoor Ladha, Canadá

Alnoor Ladha é o cofundador e Diretor Executivo do The Rules, uma rede global de activistas, organizadores, designers, codificadores, escritores e investigadores dedicados à mudança de regras que originam a desigualdade e as alterações climáticas. É também escritor e membro da direção da Greenpeace International, EUA.

Ambas a resistência e a renovação são condições prévias ao mundo pós-capitalista. Por outras palavras, apesar de ser verdade que devemos remover o laço capitalista do pescoço da humanidade, devemos simultaneamente criar as infraestruturas para esta transição enquanto nos mantemos envolvidos na luta pela mudança. As alterações climáticas forçar-nos-ão a vivermos em comunidades mais pequenas e autónomas. Com um maior número de pessoas a entender que o sistema atual não poderá ser corrigido, haverá consequentemente um fluxo crescente de pessoas para as comunidades existentes e a criação de novas comunidades. Os modelos pré-existentes de Biótopos de Cura jogam um papel crucial na transmissão de conhecimentos e na modelação de novas formas de atuação. Eles têm igualmente a capacidade de captar a

imaginação da nova geração que procura esperança e transcendência num planeta que se dirige para o Grande Colapso. Esta não é apenas uma história de utopia contra distopia. A tradição académica Ocidental e o movimento progressista (especialmente o movimento das alterações climáticas) não têm sido capazes de ter em conta as verdades mais profundas acerca das motivações psicológicas, a

> *'O que me parece certo é que todos devemos guardar em nós o potencial do mundo que queremos ver.'*
>
> *Alnoor Ladha*

comunidade, o amor e a nossa relação com a natureza. Consequentemente, encontram-se numa batalha racionalista, descritiva e Cartesiana pelos mais falsificáveis factos. Eles não têm sido capazes de articular uma visão global holística, simultaneamente material e espiritual, a qual fale aos corações e às ambições de uma maioria crescentemente apática.

Estaremos nós perante um desafio dualista avariado mas reparável ou de uma profunda crise espiritual? Estaremos nós numa potencial reta final ou na 'fase de crisálida' da nossa civilização? Estaremos nós a olhar para trás como a lagarta que se poderia ter transformado numa borboleta, mas que se autodestruiu antes da sua nova e verdadeira fase da vida ter começado? Ou contaremos nós a história da lagarta que ativou todo o seu potencial para se tornar nalgo que não conseguia imaginar até que surgiu, totalmente formada?

O que me parece certo é que todos devemos guardar em nós o potencial do mundo que queremos ver. A existência de um outro mundo é possível, não porque podemos descrevê-la ou teorizar acerca dela, mas porque as sementes do seu potencial já existem no seio do nosso ser coletivo. Como Dieter Duhm afirmou, 'A utopia concreta é uma realidade latente dentro do universo, tal como a borboleta é uma realidade latente dentro da lagarta'.

Terra Nova: Um Movimento por uma Terra Livre

Apelo de Dieter Duhm, Alemanha/Portugal e dos coordenadores de Tamera, Agosto de 2018

Dieter Duhm, doutorado em sociologia, psicanalista, escritor publicado, historiador de arte e cofundador de Tamera. A partir de 1967, Dieter Duhm esteve integrado na Esquerda Marxista e tornou-se num dos principais rostos do movimento estudantil. Ele estabeleceu uma ligação entre os pensamentos políticos revolucionários e os ideais relativos à libertação do indivíduo, tornando-se conhecido pelo seu livro, 'Angst im Kapitalismus' (Medo no Capitalismo, 1972). Em 1978, criou o projeto 'Bauhuette' ('cabine de construção') na Floresta Negra, Alemanha, no qual liderou uma experiência social com 40 participantes durante três anos. Em 1995, juntamente com a teóloga Sabine Lichtenfels e outros, fundou Tamera - Centro de Investigação e Educação para a Paz em Portugal, que conta hoje com mais de 160 membros. É o idealizador do 'Plano dos Biótopos de Cura', um plano para a paz global. Dieter Duhm dedicou a sua vida à criação de um fórum eficaz para o nascimento de uma iniciativa de paz global que possa combater as forças destrutivas da globalização capitalista.

Basta! Há demasiado tempo que a humanidade é ditada por sistemas violentos. Demasiada tortura, genocídio, mentira e sofrimento têm ocorrido neste planeta. Esta loucura tem de terminar!

Em Tamera, este imperativo conduziu-nos à construção das bases para uma sociedade pós-capitalista, unificadas por um objetivo comum – um futuro digno de ser vivido. E este futuro já começou. Para lá de todas as barbaridades, existe um outro mundo, integrado no universo e com dimensões diferentes para o amor, a paz e a cura. É o mundo de uma ordem superior, dentro do campo coerente da vida ao qual chamamos 'Matriz Sagrada'. É inerente a cada ser humano na forma de um sentido ético. Existe, na matriz sagrada, uma força maior que toda a violência; uma força que gera amizade onde antes havia animosidade. Quando um movimento global se ligar a esta força, deixará de haver vencidos.

Trata-se de uma força inviolável e indestrutível, com um alcance que transcende toda a tragédia humana. Imanente e de muitas facetas, ela vive no coração de todas as coisas, uma com toda a existência. Trata-se do Deus vivo em todos nós, o sagrado, presente na origem de todas as culturas. 'Defender o Sagrado': este é um apelo à compreensão e proteção do sagrado na Terra, em todas as comunidades, entre todos os povos e em todos os continentes, como fundamento para uma futura civilização.

Criemos lugares onde a força sagrada da unicidade é celebrada na cooperação entre as pessoas, a natureza e todas as criaturas.

Esta é a força da confiança absoluta e do amor, que tudo interliga apesar das crescentes tendências globais destrutivas. Criemos lugares futuristas que ativem esta força em todo o mundo. Criemos redes que captem e disseminem esta força.

Liguemo-nos à força fundamental e sagrada de toda a vida, respondendo ao apelo de todos os seres humanos e não humanos que precisam hoje da nossa ajuda; recordando as crianças sem lar, os refugiados sem futuro, os que lutaram pela liberdade e se encontram aprisionados em câmaras de tortura, os animais na pecuária intensiva e nos laboratórios. Recusamos ser cúmplices de uma sociedade que alimenta estas atrocidades, pelo que abandonamos a insanidade da normalidade e estabelecemos uma profunda alternativa.

Em diversas zonas de crise no mundo inteiro, temos aliados a trabalhar pela paz, muitas vezes sob ameaça severa. Por exemplo, na comunidade de paz de San José de Apartadó (Colômbia), no projeto Favela da Paz em São Paulo (Brasil), no movimento indígena Standing Rock (EUA), os Bishnoi (Índia) e muitos outros. Para além disso, numerosas organizações de ajuda humanitária seculares e religiosas (não me refiro às de cariz comer-

'Estamos hoje no início de uma transformação global. Milhões de pessoas dão passos no caminho da transformação interna da guerra para a paz, através da criação de novas formas de vida.'

Dieter Duhm

cial) procuram atenuar a violência mundial através da força do amor. Estas são abordagens válidas, que procuram promover um mundo sem violência com os meios que têm à sua disposição. Desejamos que todas estas pessoas e grupos encontrem o seu lugar na comunidade planetária de luz, e que lá encontrem a sua força de ação e crescimento. Desejamos igualmente que todos os movimentos pela paz se unifiquem sob este objetivo comum, tornando-se unos com o coração global da humanidade e da Terra – um 'Movimento de Movimentos' com uma perspetiva comum alicerçada no globalismo, na confiança e na cooperação. Defendamos o Sagrado, honrando e propagando a sua mensagem por todo o mundo, com todos os povos e em todos os continentes. O Plano dos Biótopos de Cura foi iniciado para apoiar e aprofundar este tipo de iniciativas no mundo inteiro. Assim que a sua estrutura for compreendida, ele poderá emergir em qualquer país. Dissolvamos os obstáculos que nos separaram do sagrado e libertemo-nos de milhares de anos de trauma humano. Em demasiadas pessoas, o trauma destruiu o amor, a crença e a esperança. Esta é uma sombra que não se faz sentir apenas na violência exterior, mas também nos nossos grupos sociais e nas nossas relações humanas e amorosas. O movimento pela paz apenas atingirá o seu fim máximo assim que se libertar desta sombra, alinhar todas as áreas da nossa vida terrena – as estruturas sociais, ecológicas e éticas – com a matriz sagrada, e criar alianças eficazes com base nesta última. Devemos limpar o nosso subterrâneo emocional, as nossas 'profundezas desconhecidas', e dizer adeus aos nossos conflitos e compromissos secretos. Só desta forma poderemos libertar o nosso espírito de toda a ocupação exterior e permitir que as forças de cura nos preencham.

A transformação global tem início no interior do ser humano. Não é possível acreditarmos em paz se ela não está presente dentro de nós. As nossas forças emocionais, sexuais, éticas, intelectuais e espirituais são as forças de cura da vida. Por exemplo, ao aceitarmos e sacralizarmos a nossa natureza sexual, recusamos desde logo tolerar qualquer forma de violência sexual. Ao integrarmos a nossa natureza animal, ganhamos também novas relações de confiança com o reino animal. Somente os seres humanos que passaram por um processo de cura interior se conseguem ligar com as forças sagradas do mundo. Reconhecemos os pontos onde o amor se transformou em ódio e descobrimos como transformar o ódio em amor. Não é a nossa capacidade de fazer negócios, mas a nossa capacidade de fomentar a compaixão e a cooperação que gera uma coexistência saudável na Terra. Caridade não é apenas uma palavra Cristã, mas um elemento no plano de construção da Criação.

Estamos hoje no início de uma transformação global. Milhões de pessoas dão passos no caminho da transformação interna da guerra para a paz, através da criação de novas formas de vida. O Plano dos Biótopos de Cura está a trabalhar numa iniciativa global para fazer o que hoje tem de ser feito: construir sistemas descentralizados para o abastecimento de energia, água e alimento, independentes das grandes empresas que exploram a Terra e destroem a Natureza.

Aqui em Tamera – Biótopo de Cura 1 – a nossa maneira de viver demonstra que quando seguimos a lógica da natureza ao invés das leis do capitalismo, tais recursos essenciais poderiam estar novamente disponíveis gratuitamente a toda a humanidade. Por exemplo, cozinhas solares e outros sistemas de produção de energia podem ser facilmente criados com poucos recursos, em qualquer lugar. E reconhecemos que a água é deveras importante para a natureza como o amor o é para o ser humano, abrindo a porta à cura de ambos. Ao desenvolvermos novos sistemas de vida, reunificando o sagrado e o científico, estamos a ajudar todos os seres – humanos e não humanos – que precisam da nossa ajuda. E toda esta ajuda é tão urgentemente necessária.

Apelamos a todos para que apoiem este movimento emergente para uma Terra verdadeiramente humana e a iniciativa dos Biótopos de Cura: façam uso dos vossos poderes, seja através da oração ou da vossa posição na sociedade atual; através de publicações, financiamento ou apoio político! De uma maneira ou de outra, invistam no fortalecimento deste contramovimento e ajudem-nos a partilhar com o mundo a informação sobre outra forma de viver neste planeta magnífico.

Com o nascer de uma nova era planetária, surgem as pessoas e as forças necessárias à transformação. Tu estás entre elas, entre as centenas de milhões de pessoas que procuram uma nova forma de vida e de novos canais onde investir a sua energia. Se formos bem-sucedidos nesta aposta, os nossos netos e bisnetos apenas conhecerão a guerra através dos livros de história.

Agradecemos a todos os colaboradores por esse mundo fora.
Em nome da comunidade planetária,
em nome de todas as crianças,
em nome do amor por toda a Criação.

Defender o Sagrado

Após o primeiro encontro 'Defender o Sagrado' em 2017, este manifesto foi redigido e assinado por um grupo de líderes activistas e visionários globais. Estes são os pontos-chave do manifesto acordado coletivamente, como base para uma aliança global em nome da defesa do sagrado. Aqui fica um pequeno resumo. Pode encontrar o manifesto na íntegra em: https://www.tamera.org/pt/defender-o-sagrado/#manifesto.

- Com base na oposição pacífica iniciada durante a resistência contra o Oleoduto de Acesso em Dakota, em Standing Rock, em 2016, investimos no desenvolvimento de uma aliança globalmente unificada que transcenda culturas, fronteiras e crenças.

- Unimo-nos enquanto comunidade planetária para gerar uma transição para um mundo onde nós, humanos, possamos abandonar a dominação e entrar em cooperação com a aliança sagrada da vida.

- Evocando a nossa sabedoria indígena, trabalhamos para o reconhecimento dos direitos da Terra e vivemos em comunhão com a Natureza e todos os seres, abraçando este planeta como uma família interdependente.

- Reconhecemos que o nosso trauma coletivo nos mantém num ciclo perpétuo de violência e separação e trabalhamos para abordar e curar conscientemente esse trauma. Sarar as feridas do passado é essencial para criar uma cultura de paz.

- Para catalisar uma mudança global de sistema e criar uma cultura de paz, desenvolvemos sistemas sociais e ecológicos alinhados com a matriz sagrada da vida que unifica e interliga tudo o que vive.

- De forma a contribuir para a paz global, apoiamos a criação de modelos regenerativos, tais como os Biótopos de Cura e uma rede de comunidades de confiança interligadas e autónomas.

- Comprometemo-nos com a defesa do sagrado – pela água, pela terra, pelo ar, pelas nossas crianças e por todas as gerações vindouras. "Mni Wiconi" – Água é Vida. A vida é sagrada. É esta sacralidade que queremos proteger.

O QUE É TAMERA?

Tamera foi fundada em 1995 por Sabine Lichtenfels, Dieter Duhm e outros, depois de vários anos de pesquisa interdisciplinar e de preparação intensivas. Hoje é uma comunidade internacional de investigação para a paz com 170 membros no sul de Portugal, que tem vindo a desenvolver o primeiro Biótopo de Cura. Um Biótopo de Cura é um projeto-piloto que representa, em pequena escala, como será viver numa sociedade pós-capitalista e não-violenta. O grupo tem trabalhado em estruturas sociais e ecológicas relativas às áreas-chave das nossas vidas - desde a gestão da água e a interação com os animais às questões mais íntimas da nossa coexistência humana - com vista à mudança de um sistema de medo para um sistema de confiança. A procura pelo como conseguir e pelo como ser possível replicá-lo com sucesso num ou vários locais são as principais questões; se tal acontecer, poderá igualmente ser bem-sucedida noutros lugares.

Website: www.tamera.org

A Grace Foundation (Fundação Grace) trabalha juntamente com outras organizações e indivíduos para iniciar uma mudança global de sistema: desde um sistema de guerra, exploração e de destruição ambiental para um sistema de paz, confiança e cooperação com a natureza. Todos aqueles que queiram investir numa cultura humana e não-violenta estão convidados para nos contactarem.

A Fundação Grace trabalha na visão de um plano de paz global o qual está baseado na construção de modelos de paz global – os "Biótopos de Cura". Nestes centros, os princípios fundamentais para um estilo de vida regenerativo são reunidos, pesquisados e testados no terreno. Eles proporcionam o conhecimento para as futuras comunidades planetárias, comunidades estas onde os seres humanos, os animais e a natureza vivem juntos na base da confiança.

A Fundação Grace apoia a criação e manifestação dos "Biótopos de Cura" ao disponibilizar recursos financeiros para a educação e a partilha de conhecimento. Acima de tudo, ela promove:

- Sustentabilidade ecológica e económica através da autossuficiência regional em água, alimento e energia
- Sustentabilidade social através da criação de comunidades baseadas na verdade, apoio mútuo e ação responsável.
- Sustentabilidade espiritual ao descobrir o potencial humano em cooperação como o Divino, em gratidão pelo milagre da vida.

Website: www.the-grace-foundation.org

Se gostou de conhecer as pessoas, os projetos ou as ideias expressas neste livro e deseja saber mais, agradecemos o vosso contacto.

Pedimos-lhe para apoiar este trabalho político, ecológico e humano ao partilhar este livro com os seus conhecidos. Convidamo-lo a colaborar connosco na organização de eventos que incidam sobre os temas aqui mencionados, em comunhão com este movimento crescente de pessoas que dedicam as suas vidas para defender aquilo que é sagrado. Estamos abertos a sugestões construtivas e a ofertas de apoio.

Convidamos todos os interessados a juntarem-se à meditação semanal do 'Círculo de Força', todas as segundas-feiras ao nascer do sol. Sabine Lichtenfels iniciou este ritual semanal com vista a ligar trabalhadores da paz e activistas do mundo inteiro numa oração e intenção partilhadas. Saiba mais sobre Sabine no seu website: www.sabine-lichtenfels.com.

Ficamos muito agradecidos por todas as contribuições económicas e continuaremos a utilizá-las para a difusão do conteúdo desta obra. A Grace Foundation colabora com a maioria dos projetos apresentados neste livro, angariando e distribuindo fundos para reforçar a cooperação internacional. Para mais informações, por favor visite: www.the-grace-foundation.org.

Obrigado!

Por favor contacte:

Verlag Meiga GbR
Waldsiedlung 15
14806 Bad Belzig
Alemanha

Telefone: +49 (0)33841 30538
E-Mail: info@verlag-meiga.org
www.verlag-meiga.org

Para doações em Euros:
Titular da conta: Grace-Stiftung zur Humanizierung des Geldes
Raiffeisenbank Zuerich (Conta PC: 87-71996-7) Clearing 81487
Acct. No.: 92188,69
IBAN CH9881487000009218869
BIC RAIFCH22

Para doações em Francos suíços CHF:
Titular da conta: Grace-Stiftung zur Humanizierung des Geldes
Raiffeisenbank Zuerich (Conta PC: 87-71996-7) Clearing 81487
Acct. No.: 92188,56
IBAN CH6181487000009218856
BIC RAIFCH22

LEITURA ADICIONAL

Camargo, João e Paulo Pimenta de Castro:
Portugal em Chamas - Como Resgatar as
Florestas
Bertrand Editora

Camargo, João:
Manual de Combate às Alterações Climáti-
cas
Parsifal PT

Camargo, João:
Que se Lixe a Troika
Deriva Editores

Chamberlin, Shaun:
The Transition Timeline: For a Local, Resil-
ient Future.
Chelsea Green Publishing

Dawson, Jonathan / Norberg-Hodge, Hele-
na / Jackson, Ross (Eds.):
Gaian Economics: Living Well Within
Planetary Limits, Four Keys to Sustainable
Communities Series.

Dregger, Leila / Joubert, Kosha Anja:
Ecovillage – 1001 Ways to Heal the Planet.
Triarchy Press Ltd.

Dregger, Leila:
Tamera, a Model for the Future.
Verlag Meiga

Dieter Duhm:
Eros Unredeemed. The World Power of
Sexuality.
Verlag Meiga

Dieter Duhm:
The Sacred Matrix. From the Matrix of Violence to the Matrix of Life. Foundations for
a New Civilisation.
Verlag Meiga

Dieter Duhm:
Terra Nova. Global Revolution and the
Healing of Love. Verlag Meiga
Duhm, Dieter / Lichtenfels, Sabine:
And They Knew Each Other. The End of
Sexual Violence. V
erlag Meiga

Eisenstein, Charles:
The More Beautiful World Our Hearts
Know Is Possible (Sacred Activism).
North Atlantic Books

Eisenstein, Charles:
The Ascent of Humanity: Civilisation and
the Human Sense of Self.
North Atlantic Books

Eisenstein, Charles:
Sacred Economics: Money, Gift and Society
in the Age of Transition.
North Atlantic Books

Eisenstein, Charles:
The Yoga of Eating: Transcending Diets
and Dogma to Nourish the Natural.
Newtrends Publisher Inc.

Eisenstein, Charles:
Climate – A New Story. North Atlantic
Books

Eisenstein, Charles:
The Open Secret.
Authorhouse

Elworthy, Scilla:
The Business Plan for Peace: Building a
World Without War.
Peace Direct

Fleming, David, Chamberlin, Shaun:
Surviving the Future: Culture, Carnival
and Capital in the Aftermath of the Market
Economy.
Chelsea Green Publishing

Internationalist Commune of Rojava:
Make Rojava Green Again, com prefácio de
Debbie Bookchin.
Dog Section Press

Tiokasin Ghosthorse / Lilien, Jadina:
Butterfly Against The Wind.
Amazon Digital Services LLC

Harland, Maddy / Keepin, William:
The Song of the Earth: A Synthesis of the
Scientific and Spiritual Worldviews, Four
Keys to Sustainable Communities Series.
Gaia Education

Joubert, Kosha Anja / Alfred, Robin:
Beyond You and Me: Inspirations and Wis-
dom for Building Community, Four Keys to
Sustainable Communities Series.
Gaia Education

Kravčik, Michal: Water for the Recovery
of the Climate– A New Water Paradigm.
(PDF) Disponível em:
www.waterparadigm.org

Lichtenfels, Sabine: Grace. Pilgrimage for a
Future Without War Verlag Meiga

Lichtenfels, Sabine: Sources of Love and
Peace. Morning Prayers. Verlag Meiga
Lichtenfels, Sabine:
Temple of Love. A Journey into the Age of
Sensual Fulfilment.
Verlag Meiga

Lerner, Michael:
The Politics Of Meaning: Restoring Hope
And Possibility In An Age Of Cynicism.
Basic Books

Lerner, Michael:
Embracing Israel/Palestine: A Strategy to Heal and Transform the Middle East.
North Atlantic Books

Lerner, Michael:
Jewish Renewal: Path to Healing and Transformation.
Harper Perennial

Mare, Christopher/ Lindegger, Max:
Designing Ecological Habitats: Creating a Sense of Place, Four Keys to Sustainable Communities Series.
Gaia Education

Schauberger, Viktor:
The Water Wizard: The Extraordinary Properties of Natural Water. Gill & MacMillan
Scheer, Hermann:
The Energy Imperative: 100 Percent Renewable Now.
Routledge

Scheer, Hermann:
Energy Autonomy: The Economic, Social and Technological Case for Renewable Energy.
Routledge

Scheer, Hermann: The Solar Economy: Renewable Energy for a Sustainable Global Future. Routledge

Martin Winiecki (Ed.):
Construindo fundações para uma nova civilização. Perspectivas para a Revolução Global.
Verlag Meiga

Zaujec, Vlado:
Vários artigos disponíveis em:
www.rainforclimate.com

www.ingramcontent.com/pod-product-compliance
Lightning Source LLC
Chambersburg PA
CBHW080050280326
41934CB00014B/3270